陳廷寵上將口述歷史：
軍者仁心
General Chen Ting-Chung:
The Benevolent Heart of a Soldier

Oral History of Chinese Heroes Series

By Chang C. Chen, PhD, JD

copyright©2024 by Chang C. Chen

All rights reserved

No part of this book may be reproduced or utilized in any form or by any means, electronic or mechanical, or by any information storage or retrieval system, without written permission from the publisher.

ISBN : 979-8-3304-7105-8

LCCN :

Includes bibliographical references.

目錄 | CONTENTS

許歷農上將序　　　　　　　　　　　　　　　　10

陳廷寵上將自序　　　　　　　　　　　　　　　12

作者序　　　　　　　　　　　　　　　　　　　14

  1. 學海無涯　　　　　　　　　　　　　　　　18

  2. 終於進入官校　　　　　　　　　　　　　　21

  3. 生活艱辛，營養不良　　　　　　　　　　　23

  4. 聽孫立人將軍講課　　　　　　　　　　　　24

  5. 孫立人部屬郭廷亮之死　　　　　　　　　　26

  6. 軍中生活　　　　　　　　　　　　　　　　27

  7. 澎湖事件　　　　　　　　　　　　　　　　28

  8. 受益於「培德案」　　　　　　　　　　　　29

  9. 晉見蔣中正總統　　　　　　　　　　　　　30

10. 赴德國受訓　　　　　　　　　　　　　　　31

11. 考取戰爭學院65班（1975）　　　　　　　　37

12. 賢妻詹佳代 家庭和樂（1962）　　　　　　　40

13. 光武演習 大展軍威（1988）　　　　　　　　43

14. 陳大勇談台灣的私立學校　　　　　　　　　46

15. 成立華東臺商子女學校（2001）　　　　　　48

16. 台商曾說「子女的教育問題無法解決。」　　49

17. 儲備優質老師　　　　　　　　　　　　　　51

18. 有效緩解「包二奶」　　　　　　　　　　　51

19. 我們的學生考上985大學　　　　　　　　　 52

20. 一張名片，項目審批獲准 53

21. 台積電大陸設廠，也是項目獲准的誘因 54

22. 大陸名校提供台商子女名額 55

23. 興學的風波不斷 57

24. 大陸公職薪水高 57

25. 生男多、生女少的趨勢已經緩和 58

26. 大陸員工福利較好 58

27. 廉政帳戶 59

28. 中國的少子化是隱憂 61

29. 故人與往事 62

（1）蔣緯國上將的江湖傳說 62

（2）剛毅的郝柏村上將 62

（3）一絲不苟的岳天中將 66

（4）盡忠職守的董瑞麟中將 68

（5）李宗藩少將的升遷風波 70

（6）自稱是日本人的李登輝 72

（7）回絕了殷宗文上將 73

（8）權責難免混淆的文人國防部長：
陳履安、孫震、顧立雄 75

（9）「沒有李國鼎，就沒有台積電」 76

（10）鐵頭趙耀東（1916~2008） 78

（11）馬英九有負黨國 80

（12）洪仲丘之死，扳倒國防部長 82

（13）叛逃的林毅夫，叫我總司令 82

（14）「反共義士」，降兵不可言勇　　　84

（15）我直說，台灣的戰力是零　　　84

（16）未來的聯合作戰　　　87

（17）2024年的金門事件　　　88

（18）黃埔軍校的百年校慶（2024/6/16）　　　88

（19）為楊德智上將申冤　　　91

（20）陳傳鎬博士 成功研發天弓飛彈　　　92

（21）萬國強上校是室友　　　94

（22）還記得漢光演習嗎？　　　95

（23）我看中美對壘　　　96

（24）八吋榴彈砲的故事　　　99

（25）八六海戰　　　100

（26）國民黨，老成凋謝　　　102

（27）扭轉歷史的西安事變　　　103

（28）民進黨是台獨頑固份子　　　105

（29）巧立名目，民進黨高層迴避監督　　　106

（30）兩岸的另類交流　　　108

（31）我的原生家庭在江蘇鹽城　　　110

（32）人老了　　　112

（33）下半生的食衣住行　　　112

（34）外省人、本省人都是中華民國台灣人　　　116

（35）邱彰的大陸經驗不一樣

（36）邱彰與五虎將合照

"History In His Own Words"

Oral History of Chinese Heroes

Preface

Chinese Nobel laureates have been recognized since 1957, with 13 recipients to date—12 of them men. Chinese men have left an indelible mark across countless fields, from virtuosos like Yo-Yo Ma to Lang Lang, shining singularly in their crafts.

Until now, my work in oral history has focused primarily on women. But this year, as fate would have it, during a trip to Taiwan for my grandson's summer camp, I crossed paths with General Lee Tsung-Fan. In passing, he mentioned that General Chen Ting-Chung, now 94, is still with us. If his oral history—embodying decades of Taiwan's military legacy—is not preserved now, when will it ever be? It was in this moment that this new oral history project was born.

Though my homeland fades into the distance, the legacy of Chinese heroes endures. And so, I must stop placing limits on myself and simply follow where destiny leads.

前言

華人英雄口述歷史系列

自 1957 年起，華裔人士便開始榮獲諾貝爾獎，截至目前已有 13 位得主，其中 12 位為男性。放眼各行各業，卓越非凡的華人男性更是不勝枚舉，如音樂大師馬友友與郎朗，皆在世界舞台上大放異彩。

過去，我的口述歷史作品皆以女性為主。然而，今年當我帶著孫子回台灣參加夏令營時，機緣巧合，與李宗藩將軍相遇。他提到 94 歲高齡的陳廷寵上將，這令我頓感緊迫：若不趁此時記錄，保留台灣數十年軍史，又待何時？因此，這本口述歷史應運而生。

故土雖遙遠，華裔英雄卻眾多無數。我不應再為自己設限，當隨緣而行，隨遇而安。

邱龍

2024 年於舊金山

美國華人女性口述歷史系列
The Oral History of Chinese American Women Series

1	居蜜：民國文化傳承 Chu Mi: A Daughter of the Chinese Republican Era
2	陳李琬若：第一位美國華人女市長 Lily Lee Chen：The First Chinese American Woman Mayor
3	美國中華美食教母江孫芸 Cecilia Chiang：Godmother of Chinese American Cuisine
4	黃金女傑林麗娟的傳奇 Lin Li-Chuan：Pioneer in Gold Commodity Trading
5	胡匡政：風雨中的仁醫 Kuang-Chung Hu Chien：The Compassionate Doctor of Harlem
6	一位改變台灣命運的賢妻：崔蓉芝 A Good Wife Who Changed Taiwan's Destiny: Helen Liu
7	居美：驚艷中東 Mae Chu：Empowering Girls in the Middle East and Beyond
8	美麗人生：呂秀蓮時空博物館 A Beautiful Life: Annette Lu Oral History
9	上海明珠：王詳明口述歷史 The Pearl of Shanghai：Oral History of Gloria Wang
10	傷痕文學第一人：陳若曦 The First Lady of Scar Literature：Lucy Hsiu-Mei Chen
11	台灣首位喜劇女神：張琍敏 Taiwan's First Queen of Comedy：Misty Chang

12 陳駿：獨步海神花
Jun Chen : Pioneer of California's King Protea

13 林惠嘉：李安背後的大女人
Lin Huey-chia: The Superwoman behind Ang Lee

14 勇者無懼：紀政的口述歷史
The Bold and the Beautiful: Oral History of Chi Cheng

15 齊淑芳夫婦的京劇人生
Mrs. and Mr. Qi Shu Fang: The Power Couple of Peking Opera

16 佳人樂水：奧運游泳金牌傳奇林莉口述歷史
When Water Turns to Gold: Lin Li's Olympic Journal

美國華人女性法律史系列
Herstory : The Legal History of Chinese American Women Series

1 Herstory--the Legal History of Chinese American Women (2016)

2 Herstory 2--The Legal History of Chinese American Women (2021)

華人英雄口述歷史系列
The Oral History of Chinese Heroes

1 陳廷寵上將口述歷史：軍者仁心
General Chen Ting-Chung: The Benevolent Heart of a Soldier

| 許歷農上將序文 |

良將良師一般精彩 軍人文人兩界逢緣

　　老戰友陳廷寵上將，1949年，他從省立鹽城中學畢業後，隨孫立人中華民國陸軍軍官學校第四軍官訓練班入伍生教導總隊到台灣，年底獲選為台灣軍士教導總隊第2團，並任教育班長；1950年，他考取了陸軍軍官學校第24期；自此我們在一起幾十年了；在軍中他是標準的帶兵官，部隊訓練扎實、軍紀要求嚴明、是非賞罰公正、操守廉潔無私；退伍後他是教育的播種者，回饋鄉里辦學、穩定台商工作、照顧台商子女、堅定教育課綱；除此之外他還擔任「中華民族抗日戰爭紀念協會」，他積極從事傳承發揚中華文化及堅定還原抗日真相，不允許中國竄改抗戰歷史；這種精神令人佩服；我看完了這本「軍者仁心」，十分感動，字裏行間的真實、誠懇、坦率、格調、風骨、氣節，真是我輩應效法之處，尤其是對前總統李登輝的台灣人論點，直接嗆聲中國人，顯現為支持憲法而戰之勇氣與大是大非；其後對前總統馬英九的課綱微調錯誤政策，針砭時弊，評論有理，這完全是對事不對人的格局；最後陳上將為回饋鄉里，回上海崑山創辦華東臺商子女學校，其主要目的就是讓台商的子女教育能接軌台灣教育並讓台商對家庭無後顧之憂，當然最主要還是讓台灣學子，不要被中國在意識形態上汙染，堅守中華民國的主體性。

　　全文侃侃而談，涉及到許多政治人物及軍中袍澤，言來平實坦率，如在「陸軍官校在台復校70週年慶祝大會」上，公開表示「我是中國人，是榮耀的象徵，悲哀的是中華民族仍有不少敗類，不顧祖宗的榮耀，要做美日的走狗」，並稱若台灣海峽兩岸開戰，台灣國軍的戰力是零，擋不住中國人民解放軍。此番言論雖遭綠營批判，但卻是由衷的真實評論，而且其出發點是正向啟迪國人認知及鼓舞國軍激勵戰訓保衛台灣；謝謝邱彰律師為我們留下了歷史的見證。

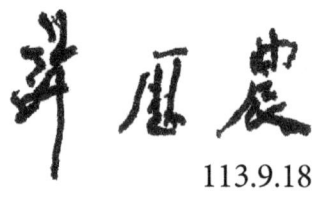

113.9.18

陳廷寵上將自序

　　邱彰博士，生於台灣高雄縣，現為美國執業律師，曾任中華民國立法委員，她畢業於北一女、台大，取得哥倫比亞大學碩士及法學博士，新澤西州立大學微生物學博士，她也曾任國立台北科技大學及北京大學教授職務；著有「美國華人女性法律史」等100多本書，是位十分了不起的女士。

　　我初識邱彰博士是在民國95年，結緣於關公文化協會監事長（北科大莊嘉琛教授）創研的「佛性水」說明會中，當時由李宗藩將軍安排大家見面，暢談甚歡、印象深刻；後來她去美國，十多年不見，她還是那樣熱情，我們談到從前，也談到以後，一如既往的，我們是中國人，是中華民族的一份子，因為志趣相投，也就談到了我個人的出生，求學和退休後的生活，她說她要把它紀錄起來，我還以為只是說說罷了，前幾天她將寫好的初稿給我看，我才發現她是認真的，不是說說算了的一類人。

　　我出生在江蘇東北部鹽城縣屬下的十四區（上岡鎮），在日本侵華時我讀小學，在日寇鐵蹄下，你來我往，光小學就讀了七、八所才畢業，中學在國共戰爭中，亦復如是，民國38年總算在勉強中讀完了江蘇省立鹽城中學高中部，但沒有機會升大學，而是被時局逼迫的唯一只能從軍來台。

　　我的軍事學歷很完整，從陸軍官校，指參教育，到留學德國，一直都很順暢，在工作中也努力不懈的從基層班長做到陸軍總司令，最後在李登輝不承認自己是中國人，搞台獨的意識形態下，憤而退伍。

　　退伍後因愛國熱忱而返鄉探親，為安定台商生活及台商子女教育而創辦了華東台商子女學校，以解決台灣孩子的升學問題，現在我年歲已大，已將這些事業傳承交給下一代去繼續努力。

在我一生中值得回味的是孫立人將軍，沒有他我到不了台灣；沒有老總統蔣中正，我進不了陸軍官校，也去不了德國留學；沒有許多賢明的前輩長官也做不到陸軍總司令，我的同學毛夢漪將軍曾說我不是政治軍人，他已過世，但他的話永留我心。

陳廷寵

2024 年 9 月 3 日

民國82年7月總司令任滿獲頒雲麾二等勳章

作者序

二十多年前我認識了李宗藩將軍，他是株天降甘草，他到的地方總是笑聲不斷，他又特別有社交天份，能把有關無關的人都拉到一起，為我們大家組成一首快樂交響曲，為此我特別感謝他。

剛認識他的時候，他讓我跟著他們每個禮拜天早上去看較便宜的電影，看完了就一起吃飯。後來電影院都關門了，但這也難不倒李將軍，我們就開始在臺北近郊走路鍛鍊，一面走一面買小吃，最後還一起吃中飯，結果是越走越胖。

隨後因為家事，我回美國定居，但每次回台我一定要找李將軍夫婦及這幫好友歡聚。後來有一次李將軍介紹給我他生命中的大貴人 -- 陳廷寵上將。

陳上將年高德劭、沈默寡言，軍神一般的人物，我們都不敢隨便跟他說話。只是我特別喜歡看上將哈哈大笑的樣子，所以我給自己的任務，就是配合李將軍，讓上將哈哈大笑。

今年七月我回台北兩個禮拜，李將軍決定要為他的貴人長官留下永久的紀念，於是安排我為陳上將錄口述歷史。每天下午，我就去聽陳上將談往事及故人，並錄音為誌。陳上將一口江蘇國語，多虧李將軍翻譯解釋，提醒往事，一週下來，我對上將的人品、節操及學問，更是敬佩，尊稱他為軍神，一點也不誇張。

他是個忠誠的國民黨黨員，黨號至今仍然熟記於心。他因為講真話，被親民進黨的記者及名嘴，斷章取義、大肆誣衊，無論國防部、軍事學者如何澄清，媒體依然含血噴人，沒完沒了。我很能體會上將忍辱負重的心情。因為 25 年前我也有同樣刻骨銘心的經驗：

我那時剛當選民進黨不分區立委，因為拒絕向當時的陳水扁總統奉上 5000

萬台幣的賄金，被民進黨黨團污衊，說我選立法院長時逃票，儘管我解釋的口乾唇焦但，又是證人、又是證物，但媒體依舊配合執政黨，直到陳水扁登上了美國紐約時報頭版，被諷為「世界第三貪的總統」，對他的吹捧聲就忽然全沒了，而我的冤枉也就算了，至今沒人道歉。所以我對民進黨的看法，應該跟陳上將差不多吧。

陳上將是江蘇塩城人，他在大陸一直待到 1949 年，那年他 18 歲，至今依然懷念故鄉及親人。我是台灣人，1986 年到大陸執業美國律師，待了三年，對大陸也是印象深刻。簡述我的大陸經驗如下，說明我為什麼認為陳廷寵上將是軍神！

我在 1986 年代表美國、加拿大、歐洲的十三家律師事務所駐在北京，創辦「天地通國際諮詢公司」 Interjura Consultancy Services Ltd.。1989 年因為發生天安門事件回台。

天地通国际咨询公司 是一个在香港注册的有限责任公司。它由以下十三家国际律师事务所组成，为客户提供有关中国的咨询和联络工作：

艾伦和奥夫维　　　　　英国，伦敦
布瑞斯维尔和皮特森　　美国，德州，休士顿
克杰蒂斯　　　　　　　西班牙，马德里
基德，劳瑞特，诺尔　　法国，巴黎
印斯公司　　　　　　　英国，伦敦
麦海默，杰特洛夫　　　瑞典，葛特堡
梅森斯和马瑞特（麦顺豪）香港
明特，艾利森　　　　　澳大利亚，墨尔本
诺特，凡哈索尔特　　　荷兰，阿姆斯特丹及鹿特丹
德伦　　　　　　　　　美国，旧金山
崔堡和威尔　　　　　　西德，杜塞多夫
乌记和纳赞特　　　　　意大利，罗马和米兰
维尔马，卡特拉和皮克仑　美国，华盛顿 D.C.

Interjura Consultancy Services Ltd. is a limited liability Hong Kong company. It was formed in 1987 by the following 13 international law firms to provide their clients with China-related consulting and liaison services.

天地通驻北京的首席代表是陈邱彰博士，陈博士是美国哥伦比亚大学的法学博士及新泽西州立大学的生物化学博士，她曾任职于华尔街及加州最大的律师事务所。陈博士并应中国国务院邀请在北京大学、人民大学、政法大学、复旦大学、交通大学、华东政法大学、中国银行及税务局教授美国法律。

地址：北京建国门外大街22号
　　　国际科学中心（卢堡大厦）
　　　1103室
电话：5128356
　　　5122288转1103
电传：210258 CAGBJ CN
传真：5128357

The Beijing office of Interjura is headed by Dr. Chang C. Chen. Dr. Chen received her Juris Doctor degree from Columbia University and a Ph.D. in biochemistry from New Jersey State University. She has worked at the largest law firms on Wall Street and in California.
She has also taught U.S. law at the University of Beijing, the People's University, the University of Laws and Political Sciences, Fordham University, the University of Communications, the Institute of Laws and Political Sciences of East China, the Bank of China and the Chinese Tax Bureau.

BEIJING OFFICE
Suite 1103
Noble Tower
22 Jianguo Menwei Dajie
BEIJING, CHINA
Tel. 5128356 or
5122288 Ext. 1103
Facsimile. 5128357
Telex. 210258 CAGBJ CN

1994 年，我接受陸委會的委托，研究並出版了「一國兩妻：兩岸婚姻白皮書」，揭發 70% 的台商在大陸都有外室，一時成為全球最震撼的兩性新聞，獲得美國 CNN、亞洲週刊、人民日報的報導。

我做夢也不會想到，30 年後的今天，當我在台灣為三星上將陳廷寵作口述歷史時，才知道他已為這個包二奶的問題提出解法了。

陳上將在蘇州開辦「華東臺商子女學校」，讓台商的妻子，得以在大陸與丈夫團圓，子女可以在大陸上學，台商包二奶的風氣就此急遽降溫。做了這件大好事，是陳廷寵在百年樹人的項目之外，另一件功德無量的大事。謹在此向陳上將致最高敬意。

榮光籃球協會理事長陳廷寵上將敦聘邱彰博士擔任協會法律顧問

1. 學海無涯

民國 20 年我出生在江蘇鹽城，26 年抗日戰爭爆發，我成長在戰火之中，小學讀了 9 個，一學期換 2 個學校是很平常的。我家原來住這邊，日本人來了，我家就搬到那邊，這邊的學校就停掉了，插班讀那邊的學校。日本人又打到那邊，我們就再跑到另外一個地方，進另外的學校。父親堅持我唸書不能落後一天。

民國35年我與父親在揚州

我初中讀了 2 個學校，高中讀了 3 個，讀來讀去，抗戰期間要唸書真的很辛苦。

我讀小學時是 6 歲到 12 歲，然後我到揚州，在揚州中學進修班，這是初中，唸了 3 年。初中畢業之後，老師叫我去讀師範，當時的江蘇師範學校非常好，他把我分到常熟，靠近上海。

我的父母

　　那時我個子不高,我心想我這麼矮去當老師,學生會服嗎?還好我後來長到一七八公分,在中國人裡算是很高的。老師以為我是嫌那個學校不好,就推薦我到第一流的江寧師範學校,但我還是沒去。我爸在勝利以後,到鎮江縣政府當軍警科科長,我就在鎮江縣京江中學唸了高中。

　　我的小學畢業證書現在都不見了,小時候不知道要保留證件,我高中的證件在我到台灣當兵以後,當局怕我們跑掉,把我們的畢業證書沒收,點火燒掉了。因為沒有證書,我們就不能去做別的事。陸軍官校復校時,我是以同等學歷去考的。

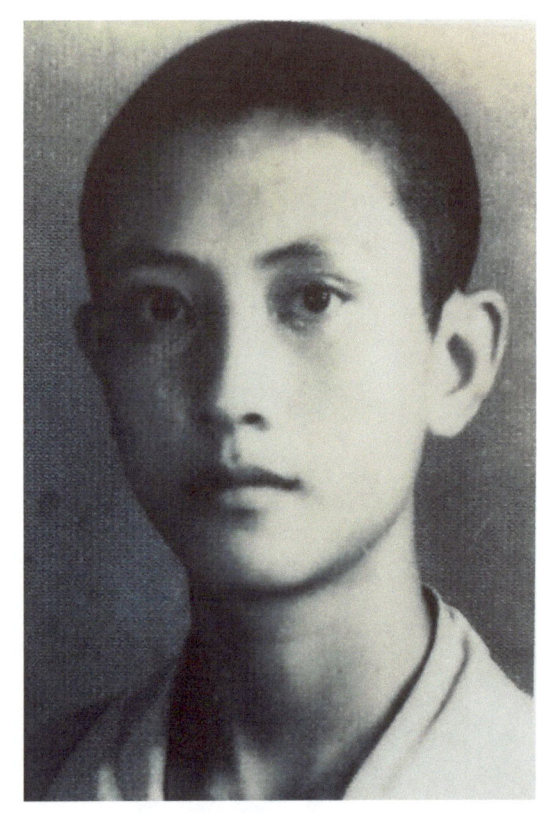

民國38年來台 軍士教導總隊第二團教育班長

70多年後的上海鹽中同學會

2. 終於進入官校

　　我於民國 40 年，錄取為陸軍官校 24 期新生。孫立人那時是陸軍副總司令，他把我們招到入伍生總隊，結果我們看到掛牌卻是寫「補充兵總隊」，我們心裡感到很窩囊，怎麼會從入伍生變成補充兵呢？

　　那時正好是關麟徵上將當校長，他是陸軍總司令兼校長，他到臺南來看我們。他看我們訓練的非常好，而且考試成績也很出色，訓話的時候就跟我們講，「你們是黃埔的黃埔的黃埔。」軍訓班是黃埔的黃埔，我們是軍訓班的入伍生總隊，所以是黃埔的黃埔的黃埔。

　　後來關麟徵上將曾發表陸軍官校將在台灣成立分校，臺南的報紙登了一個小方塊，說陸軍總司令宣布陸軍官校要在台灣成立分校，我們都高興得不得了，結果孫立人說，「這些學生都是我招來的，怎麼能給你拿去？」結果台灣分校就沒成立，民國 38 年成立了海南分校。

關麟徵上將

從前我的副軍長蕭隆光將軍就是海南分校的，他是裝甲兵，海南分校的成立一波三折，他也很衰運，他到台灣以後居然成了裝甲兵，不是官。國防部心裡有愧，怎能把這些學生弄去當兵呢？以後就叫「裝甲兵學校代訓軍官」班次。

因為孫立人不同意成立陸軍官校，所以裝甲兵學校先成立，成立以後在裝甲兵學校裡再成立一個隊，然後去招生，把海南分校的這些學生、還有總統府的警衛大隊中部份優秀的士兵，集中起來大概錄取了100多人，成立了裝甲兵24期，比陸軍官校的成立還要早，蕭隆光畢業以後還到我們這邊當教育班長。

如果有人說入伍之後，他歷盡了千辛萬苦，那年輕的我吃的苦則是萬萬辛、億億苦。

我曾經去考第四軍官訓練班19期，我一站上那個磅秤，居然比最低的標準還低，磅秤的最低標準是45公斤，我只有44.5公斤。那時候有很多同學像我一樣，結果有的吃香蕉、有的喝水，然後再去秤。我說我不去了，算了，所以我沒吃香蕉、也沒喝水，我說考不取就算了。

民國38年，我被選入軍士教導總隊，擔任教育班長，跟我一個副連長、2個同學班長，還有一個伙夫，到了彰化。彰化縣長陳錫卿請我們到酒家去吃飯，我們怎麼能上酒家呢，去酒家是違規的呀。至於為什麼縣長會親自接待我們呢？因為我們帶去的學生都是彰化人，住在附近一帶的。我跟副連長一起住在彰化的平和國小，我們經常去買一些參考書，看看升學指導，高中畢業時要考大學，好多同學都考上臺大、師大，就離開軍伍了，我則是準備考陸軍官校第24期。

在考大學的時候，那時候如果你考取國立大學，離開軍隊就不算違法。我有個同學夏平海很可憐，他考取了淡江大學，但他們不准他去，因為淡江不是國立大學，是私立的，不准去。

我們還有一些朋友考上師範大學，但我們窮到沒有衣服穿，只能穿軍服去上課，其他同學都很詫異，怎麼來了個軍人呢？這個考上師大教育系的姓賈，

名叫賈銳，他的智商高得不得了，他弟兄2個，弟弟叫賈鐘。賈銳師範大學畢業以後，留在學校做助教，當了講師、教授，最後做到師大的總務長。賈鐘考取台灣大學電機系，畢業後去了美國，就沒有回來。

3. 生活艱辛，營養不良

孫立人是一位很優秀的將軍，我對他很尊敬，他與士兵同甘共苦。我們曾經告訴他吃飯吃不飽，每天早上吃稀飯，就是一碗米湯，「鼻風吹去2條溝！」配著幾顆花生米，吃完以後就要在上午的時候出操，那時候沒衣服穿，連軍服都沒有，就是打赤膊出操，再穿件短到不能再短紅短褲，還要自費買，我們每個人每個月有12塊錢，都被扣光了。孫立人也沒辦法。

陸軍官校24期同學們

因為環境艱苦，半個入伍生總隊的連都開小差了，也就是跑掉 1/2 個連（50 個人）。我有一個同學叫陳清華，他是我太太的姊夫。他跑到臺北之後，覺得臺北這兒生活程度高、待遇好、又不用出操，就托人帶信給我，我就請假到鳳山跟他見面。見面之後他告訴我，這個地方怎麼好怎麼好，一個月可以拿 30 塊錢，伙食也不錯，時間也比較充分，叫我也到臺北來。

我思考了一下，我假如到他們在圓山的行政專修班，那兒專門收容流亡的高中學生，是個臨時機構，萬一單位被撤銷了，我豈不又得到處飄泊？我現在在的地方，還是很安全的，至少是國家的軍隊。我這一生沒有離開過陸軍。現在看起來我當時拒絕他的決定是對的，雖然當時似乎是錯的。

不要認為每個月 12 塊錢跟 30 塊錢沒差多少，當時雞蛋只要 2 毛錢。那時候我們每個月的薪水，大概只能到福利社去買幾顆糖球。每天吃飯的時候，就是一個盆子，裡面有幾片很薄的肥肉飄在上面。每次這道菜上桌以後，大家就希望能夠搶到一片肥肉吃。

不久之後，我的眼睛就因為夜盲症看不見了，任何人從我的對面走，我的視線就這麼寬，晚上我只能看到前面有一條線，左右都看不到。我就去找醫生，醫生說，「你去買一點豬肝吧！」，我想生豬肝怎麼吃？我就告訴他說沒辦法處理，他說，「好，那你就去買點魚肝油。」但是魚肝油很貴，我也買不起。這時他說，「那你可以吃魚肝油球。」是小瓶子的，魚肝油球我吃了一個禮拜不到，視力就恢復了。

4. 聽孫立人將軍講課

我曾經上過孫立人將軍的課，他上課時不在教室裡面，而是在操場上。我們每個人拿個小凳子，坐到太陽下面，戴著斗笠，他站在司令臺上講，一講就

是三天,每天至少四五個鐘頭。孫立人將軍對陸軍入伍生總隊、軍訓班講課,我就聽過兩次,這個人是不錯的。我在陸軍官校 24 期畢業的時候,他是陸軍總司令兼台灣警備總司令,後來他在陸軍官校校長室,召見我們,我一進去他就說,「你是不是安徽人?」我說我是江蘇人,江蘇、安徽的口音都差不多,所以他以為我是安徽老鄉。我說我是江蘇鹽城人,他說,「好好好好。」

後來有人說他受美國人指揮,要兵變。那時我覺得很納悶,因為這是不可能的,他這個司令官和我們陸軍入伍生總隊、軍士教導團教育班,所有的事我們都一起經歷過,完全沒有兵變的可能。

他是講孫子兵法的,他不是講克勞賽維茲,或是美國人、英國人的理論,孫子兵法的內容及「曾胡治兵語錄」他用得最多。

到底是誰陷害他呢?他太驕傲,自己害自己,他的仇人太多。他瞧不起黃埔系統的人,然後被人家設計。他在大陸受過很好的教育,他是清華學校畢業的,隨後獲得美國普渡大學及維吉尼亞軍校的學位,蠻有學問,是一位非常好的將軍。

孫立人將軍

孫立人將軍屏東行館

5. 孫立人的部屬郭廷亮之死

　　郭廷亮之死也是個冤案，他曾經是我的營長，他是孫立人的部屬。在孫立人兵變一案中，有人為了羅織孫立人的罪行，指控郭廷亮為匪諜，郭廷亮在遭長期關押後，特赦出獄。1991年，他從臺北坐火車去臺中參加為孫立人平反舉辦的活動，被人從火車上拋出而身亡，至今死因不明。

　　他是位優秀的軍官，他每天早上跟我們一起跑步，從鳳山跑到高雄，來回一共10多公里。我知道他沒有叛變，所以我很納悶他死亡的原因，那時候我們的官階太小，管不了這事，他的事情我是後來從報紙上看到的。

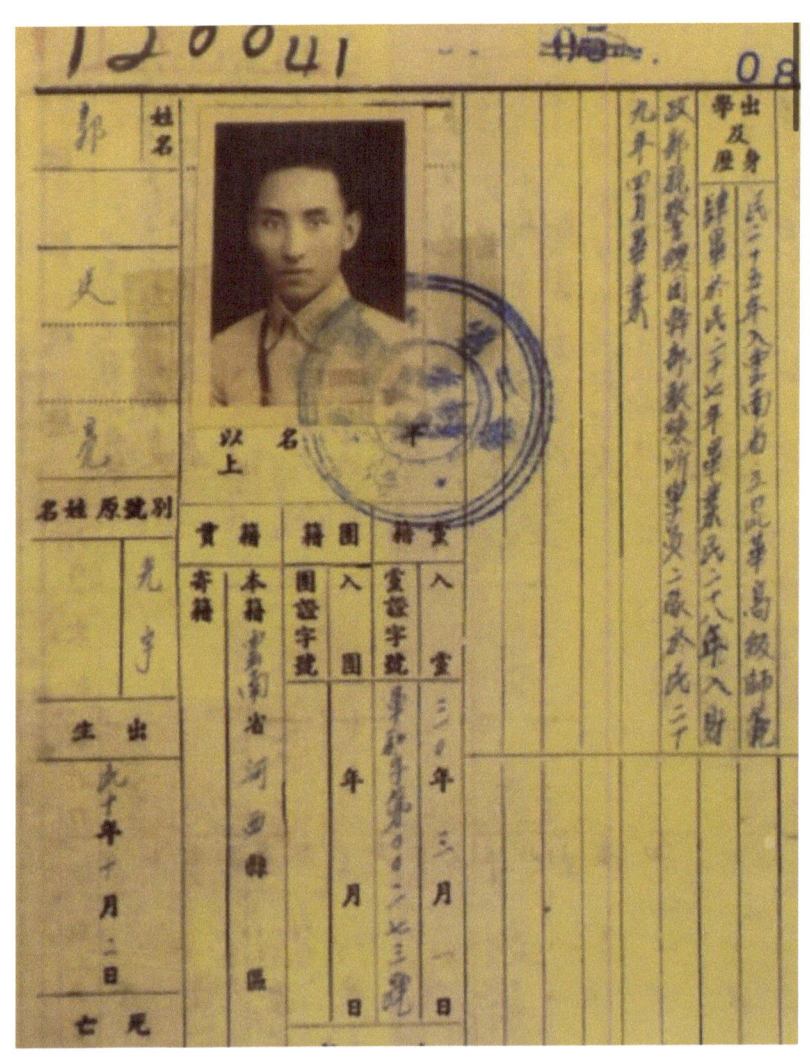

6. 軍中生活

我們那時候看不到女生，軍隊裏哪來的女生？我們一到部隊，每個人就會被發雙球鞋，鞋子上面是黑布，鞋底是白的，是那種很普通的布鞋，鞋子穿到鞋底都破了，但我們還是捨不得把鞋子丟掉，因為我們禮拜天要去看不要錢的勞軍電影，一定要穿鞋子，結果我們穿的鞋，鞋底是空的，只有上面一層布。

當時我們是一個連、一個連的走進電影院，他們放電影給我們看，是室內電影，在臺南市就是那樣。那時我們一個連有4個排，本來是3個排，因為人太多，就成了4排。1個排4個班，那時候學生太多，兵太多。我不記得我看過哪些電影，我進電影院就打瞌睡，因為每天的訓練太累了，一有時間就想睡覺。

我們那時受訓是為了要反攻大陸，先保衛大台灣，再反攻大陸。老總統蔣中正那時候還沒復職，那時候的總統是李宗仁，他從沒到過台灣。大陸淪陷以後，老總統1950年才到台灣來。他讓蔣經國 -- 他最信任的人，把黃金運到台灣，新店有一個金庫，藏的都是大陸運來的黃金。

那時候我們都想回家，以為在台灣大概一兩年就回去了，所以那時大家都沒買房地產。只是一時還談不到反攻大陸，台灣都沒有保障了，所以先是要保衛台灣，有條歌叫"保衛大台灣"，我現在還會唱。

我們有一個同學帶了很多美金，他家裡很富有，他到台灣之後，身上帶了大概上千美金，那時候1000美金可不得了啊，他把錢都放在身上的衣服口袋裡。他拿一塊美金就可以換臺幣40多塊，我們那時一個月才12塊錢，那時還有外匯管制呢。以後我們就各奔前程了，不知道他後來怎樣了。

7. 澎湖事件

　　陸軍官校同學的組成，入伍生總隊是一個主要來源，大概有100多人，山東流亡學生很多，是陸軍總司令劉安祺上將從青島帶過來的，他的學校叫「澎湖防衛司令部子弟學校」，這些學生都是來唸書的。那時澎湖防衛司令李振清因為當兵的人數不夠，希望把學生編入步兵團，學生多不願意，校長張敏之為他們向軍方抗議，導致1949年7月13日在澎湖防衛部操場，發生流血衝突，後來軍方以逮捕匪諜的名義，把校長及數名學生在臺北馬場町槍斃，是為「澎湖事件」，也稱為「外省人的二二八事件」。雖然這個冤案於1997年獲得平反，但人都死了，平反有什麼用呢？

張敏之校長的子女在48年後要求平反

8. 受益於「培德案」

「明德專案」的緣起是先總統蔣公在政府遷臺之後，為改進國軍學校教育、精進部隊訓練，指示與德國聯繫，向其延聘德國優秀將校，來華擔任顧問，以便擷取德國軍事制度之精華，提供我國軍事參考與借鏡。蔣公並指示蔣緯國將軍建立起與德國聯繫的管道，並派我方人員前往德國聯邦防衛軍指揮大學受訓，這部分即為所謂的「培德案」（1964-1973），也是我得以在1966年前往德國受訓的原因。

我跟章思泉是「培德案」的第一屆，由國防部經過陸軍總部的推薦，派遣優秀軍官赴德受訓。施振宙中校、高海翔中校在1964年蔣緯國時代留德，鄧祖謀中校、李炳松少校於1965年留德。

有一天，我在班上上課，突然接到通知2個中校及2個少校將被陸軍總司令高魁元召見，要我們去上海路 -- 就是現在杭州南路的陸軍總部報到。當時陸軍總部選擇的條件是：中校、營長、受訓時成績好。

車有富及周世斌都是中校、當過營長，而我跟章思泉只是少校，只當過副營長。高魁元總司令詢問了車有富及周世斌約20多分鐘，對我及章思泉則是連問都沒問，我們心知肚明，只是陪榜而已，被選上的一定不是我們。

我隨即就回鳳山的家，對家人也沒講這件事。周世斌當過人事次長的侍從官，他消息靈通得不得了，他以為他100%可以到德國留學了。

那時我們每個禮拜六都要上班，只有大禮拜才能回家休假，禮拜五下午離開，星期日中午回臺北。我一般坐平快車，晚上9點才到臺北，在臺北下了火車，就坐17路公車到大直。下車以後，我發現門口有兩個上尉同學坐在那邊等我，他說，「你回來了，趕快去理髮，明天早晨總統召見。」我說，「你不要開玩笑了，這是不可能的。」他說，「這是我們隊長親自交代的，你趕快去理髮。」

我這才確認他是認真的。

那時大直的理髮店都已打烊，馬上就要關燈了。我幸虧去早了一點，店主在收攤時，我把店門掰開，說，「拜託、拜託、理個髮。」他說，「請你明天再來，現在我們打烊了。」我說，「不行，非要理髮不可，我就坐在這個位子上，你不聽我的，我就不走。」結果他沒辦法，只好替我理髮了。章思泉也是如法炮製，最後就在這家店裡，大家把頭髮給理了。

9. 晉見蔣中正總統

1966年1月5日早上，在見到蔣總統之前，我們各拿到一張又大又寬的表，因為我們填的字要放大一點，給老總統看，總統那時已經79歲了。那個表本來是應該由文書人員去填的，結果因為臨時換成我們，他們來不及填了。

至於人選為什麼換成我們？可能因為我們比較年輕，國家要栽培後進。這個決定跟總統的侍衛長郝柏村無關，他不認識我，我也不認識他。

第二天當周世斌早上進餐廳時，手上拿了一碗稀飯。同學告訴他，老總統已經召見了陳廷寵和章思泉，周世斌一聽，把一碗稀飯都倒掉到地上，他沒吃就離開了。周世斌後來當到中將，後來還擔任過輔導會主任委員。在我們之後，他第二年也去了德國，但是車有富沒去。

見老總統時有很多禮節，我們被告知進總統的房間以後要怎樣、怎樣，那時我覺得很奇怪，「總統是人，我們也是人啊。」我們一進去就向他行三鞠躬。我發現老總統其實親切的不得了，而且他不叫我們的名字，就叫「小孩、小孩、過來！」老總統坐在那邊，腿上蓋著毛毯，後邊有個記錄人員。我們就坐到一張桌子後面，我坐在他對面，要靠近一點他才聽得到。那時候老總統79歲，我36歲。

10. 赴德國受訓

我是 1962 年結婚的，我 31 歲，太太詹佳代 21 歲。1966 年我去德國時，長女珊珊、長子大同已經出生了，我太太及我爸爸來松山機場送我，結果車票買不到，我爸爸就沒來，最後是太太及兩個小孩到臺北送行。

一碗麵兩人吃

我到德國受訓之後並未立刻升官，但是到了德國之後，經過國外培訓，我的位階、觀感和視野就不一樣了。那時我應該是國家重點培植的對象，雖然階級很低，只是少校連長，但如果沒去德國，我應該只是一個校級軍官校退伍，而不是上將退伍。

我們從臺北上機，並不是直飛德國，第一站是曼谷。那時我國駐泰國的大使是彭孟緝，首席武官是陸軍官校第 14 期的韓大志，他派副武官到機場去接我

們，我和章思泉就坐上大使館的車子，一直開到曼谷，因為我們等飛機時間很久，要到晚上才轉去法蘭克福。

那天上飛機之前，泰國的華僑很熱心的請我們吃晚餐，菜上來，我們一看都不敢吃了。其實那是最好的菜，只是乳鴿一身毛還沒長出來，黑黑的，觸目驚心。後來那個副武官還把我們帶去見曼谷的德國大使館武官，讓我們跟他打個招呼，只是我們的德文對方聽不懂，對方的德文我們也聽不懂，見個面我們就走了。

上了波音737的飛機，飛過印度，整個飛機是空的，我們一個人可以坐4個位置，乾脆躺著睡覺。2月1日到了蘇黎世，眼睛一睜開，外面全是白色的，下雪了。我在台灣時就做了一件軍用大衣，我把軍用大衣披起來，到外面看一看，在台灣住幾十年沒機會見到雪，看到雪心裡好舒服！這件大衣我現在還保留著。

停了2個小時以後，從蘇黎世去法蘭克福，才發現來接我們的台灣駐德國代表何寶森上校我們認識。德國人做事很清楚，車子都派好了，我們從法蘭克福機場一出來就上了車，直赴波昂。波昂距離相當遠，德國人已在波昂替我們租了個小旅館 Bad Godesberg Hotel，旅館門口已經有我們名字的貼字了。

在這個小旅館裡面，每天早餐有 Brotchen 小麵包，外面是硬的，裡面是軟的。德國人通常把它切開，把奶油放到裡面吃。

因為還沒上課，我們每天沒事幹，就在萊茵河邊逛，熟習一下環境。這邊的中國人請我們吃飯，東請西請，每天吃吃喝喝，那個時候我把胃吃壞了，後來就在德國住院了。

哥德學院學德文

2月份，西德情報局把我們送到 Boppard 的哥德學院學習德文，不然以後上課都會聽不懂。到了 Boppard，德方規定中國人不能住在一起，否則就會彼此互講中文了。我們住在老百姓家，我跟一位韓國人住在一起，章思泉則是跟另外一位韓國人住在一起，那時我們就開始上課學德文了。上課時都是老師口述，我們重複，進步快的不得了，我覺得德文比英文簡單，德文的發音看字就行。

突然胃出血

很不幸的是，我在上課時突然頭暈，老師叫我回去休息。我回去時，連路都走不穩了，要扶著牆壁才能回到家。第2天早上，診所的醫生就囑咐我，「明天早晨你不要吃東西，先到我這兒來。」那個診所跟我住的地方距離100公尺都不到，我還是得扶著牆壁走到那，診所在二樓，我上樓時步履蹣跚。

那時候我的大便發黑，我就問章思泉，「你的大便是什麼顏色？我的大便是黑的。」他說他的也是黑的，因為我們吃的東西一樣，我就比較心安，後來才發現他根本就是胡扯。

不久之後，我在上課時暈倒，被送到診所就醫，第2天是禮拜天，但早晨醫生還是打電話給德國國防部。他說，「這個中華民國來的少校可能是血癌。沒有紅血球了，都是白血球。」他還安慰我，「你不要擔心，馬上送你到醫院。」

我回到家裡，房東老太太 Wagenel 流著眼淚，「你想吃什麼東西，我做給你吃。」我說我什麼都不想吃，就躺在她客廳的沙發上面，不到半個小時，救護車就來了，還帶著4個士兵，到三軍總醫院 Bundeswehrlazarett，病房已經準備好了。住進病房以後，很多醫生給我做檢查、寫報告，但都沒有下決定，因為要等主治大夫回來。

主治大夫 Dr. Fuber 是一個中校，也是個教授，他在波昂大學醫學院上課，

一直等到下午3點多鐘，他才回來。他花了一個小時，把所有的報告看了一遍，後來他到病房裡跟我說，「沒關係，你這個問題3個禮拜就可以好。」他說我是嚴重失血，要護士為我輸血，每天500 CC，持續一個星期。為了改善失血，醫生要護士在我得肚子上放個大冰袋，當時天氣很冷，再加上這個大冰袋，實在吃不消，我就把冰袋推下去，她又替我拿上來，這樣推來推去，直到第二天我向主治醫生反應，「天氣太冷，我受不了。」冰袋才被撤走。

德國的血很貴，而且輸血常有後遺症，我很幸運，一點後遺症都沒有。輸血三天之後，我的精神就好了很多，只是護士不准我下床。醫生本來說3個禮拜就好了，我2個禮拜就可以下床，但護士不准，最後在醫院住了7個禮拜。

那我的讀書怎麼辦？我跟他們說我是來學德文的。結果醫生和護士都說，「我們教你德文！」我就把德文字典放到枕頭邊，聽不懂的就查字典，我寫錯的，他們會幫我改，我又跟房東太太來回打電話，結果我的德文進步神速，我的德文跟他們在外語學院沒住院的，差不多完全一樣。

1966年3月在德國三軍總醫院住院7周痊癒，出院前向護士道別

住院的7個禮拜中間，主治醫生不准我出院、不准我抽煙，到了第5個禮拜，他說我可以開始運動、做體操了，到了第6個禮拜，他叫我游泳。泳池離醫院很遠，要開車才能到，他還說那裡的泉水可以喝，對於胃病很有幫助，結果我每次去游泳池的時候就到游泳池旁喝上1杯。

學習德國軍語

到第7個禮拜時，我原來學德文的地方已經結束了，我就和同學們一起到科隆附近的 Euskirchen 德軍外語學校學德國軍語。我們住在一個旅館裡，那個外語學校沒有宿舍，我們每天可以去洗澡，然後回到旅館。章思泉就住我隔壁的房間。

我身體好了以後，決定停止喝酒，我在德國再也沒喝過酒。我們在德國上課，並沒有另發薪水，就是台灣的薪水幾百塊錢，我都給太太了；在德國受訓時，少校以上的，德國政府每個月給200馬克零用錢，我的錢都存起來了。

我們在德國待了一年半，那時有個規定，我們有一個專門照顧我們的指定軍官，他是空軍中校，他規定我們要到他的家裡去，他差不多2個禮拜就會請我們去一次。我們都視到他家為畏途，不是距離遠近的問題，而是到他家去拜訪時，我們必須送至少7朵花給女主人，一朵花相當貴，所以我們都不想去。

我在德國受訓的時候，有參加過國際學生活動，我在「中國日」的節目中講中國5000年歷史，章思泉講中國的軍事文化史。我那時臉皮很厚，大唱周璇的「花樣的年華」，還做中國菜給他們吃。

那時有一個台灣來的師範大學女生，跟德國華僑結婚，住在漢堡。他們幫我們準備中國食物，我做了棗泥包，棗泥在德國大小像肥皂一樣，我把兩大塊棗泥做成包子，每個外國人同學都說好吃。

後來在德國我都沒有喝過一滴啤酒，我喝的都是沒有酒精的酒，就是怕胃病復發。回到台灣以後，我酒量很大，酒喝的很厲害，那時候當部隊長，在會餐的時候一定要喝酒，你不喝怎麼行？

1967年駐德代表戴安國至德國三軍大學參加「中國日」活動，右起：陳廷寵、戴安國、戴安國夫人、章思泉

除了學習德語，我還要去部隊見習兩個月，德國的軍官團只要是少尉以上的都可以參加。德國人很藐視我們，要跟我們比賽射擊，他認為我們只是少校，一定打不過他們。我說可以比賽，只是我很久沒摸槍了，請他們把槍讓我熟悉一下。半個小時以後開始比賽。結果德國人被我打敗了，以後他們對我就刮目相看，不敢再輕易的跟我挑戰了。德國軍官就是這樣子，他要輸給你，對你佩服到不行，你若打不過他，就會被看不起。

我先是在砲兵部隊見習一個月，再到步兵部隊見習一個月，這兩個月每天跟著營長跑，一個砲兵營長、一個步兵營長，我沒有到裝甲兵去。

11. 考取戰爭學院 65 年班（1975）

台灣的陸軍有 3 個戰鬥兵種：步兵、裝甲兵、砲兵。我是砲兵，德國受訓回來，我就接了砲兵營長，從少校副營長成為少校營長，我是第 2 年才升中校的。我們的規定是：「培德案」回來時，就是營長身份。章思泉分到第一軍團，我分到第二軍團。

老蔣總統挑我去德國受訓，是我的大貴人。從德國回來，我的學經歷已經完整了，走上未來的上將之路。戰爭學院（國防大學，以前的三軍大學）規定，升將軍的一定要上過戰爭學院，只是那麼多人進入戰爭學院，卻不是每個人都能升將軍，我認為這可能是自己的努力不夠、沒有達標，照樣會被淘汰。

民國 64 年，余伯泉當三軍大學校長時，我考取戰爭學院第 65 年班，65 年我畢業時，蔣緯國是我們的校長，後來蔣緯國就是以三軍大學校長的身份升為上將。

民國65年戰爭學院受訓,我是從右第三人

民國67年7月就任193師師長

右起：俞國華、陳廷寵、蔣經國、王敬熙

12. 賢妻詹佳代 家庭和樂（1962）

那時我們在軍隊裡沒機會接觸女性，我和太太詹佳代是她大姊夫介紹的，我當時正在休假，我們交往的時間只有六個月，就結婚了。我太太是臺中土牛人，比我小十歲，她父親是校長，我們算是一見鍾情。我那時 30 歲了，再不結婚就太老了。當時我父親也催著我結婚，我父親還替我出了六千元的聘金。結婚以後，我到臺北租了間小房子，每個月 400 塊錢，那時我的薪水每個月正好 400 塊錢，付完租金就 1 毛錢都沒有了，還好我爸爸以後每個月給我 400 塊錢。

我太太是很忠厚的女人。我們這一代在結婚之前多是媒妁之言，結婚之後才慢慢發展感情。我結婚之後第二年 (1963 年) 生了女兒珊珊，大兒子大同生於 1964 年， 1968 年有老三大勇。

我太太對我的事業沒操過心，她就是照顧我們的 3 個小孩，我整天待在部隊裡面，軍人的家庭都是這樣。我的孩子們 3 個月才看到我一次，每次回家只能待一天。我當砲兵指揮官時，駐在外島金門，三個月才回台灣一趟，每次可以待一個星期，所以我跟太太很少吵架，3 個月見一天，沒機會吵架啊。

我太太菜做得很好，她很會作外省菜呢。太太在世的時候，廚房裡的事情我不管，都是太太在管。我每個月把薪水袋子整個交給她，她再拿點零用錢給我，她在這方面還蠻自在的，我們的家裡很和諧。

當師長時，我駐在馬祖北竿，根本就不能回台灣，所以寒暑假時，我會請太太把小孩帶到部隊裡來，在部隊大概可以住一個月，我找人輔導他們唸書。我自己的父親對讀書很重視，一天都不能少，我父親的理論是：對小孩的一生最重要的事，都要靠唸書才能得到。那時我看著孩子們在沙灘上跑來跑去，就是我最愉快的時光了。

鶼鰈情深

全家福

大兒子唸板橋高中，小兒子唸光仁高中，很不用功，我曾經被小兒子的訓導主任叫去說，「你這個兒子要管一管了！」那時候我已經是中將了，還被訓導主任罵一頓，還好就是那一次。小兒子大勇那時是高中生，打也沒有用，但有一次考試時有很多書要複習，他平時都不看書，到考試前看到一堆書，不曉得要看哪本，乾脆蒙頭大睡，我就把他喊起來教訓一番。

　　我很少管小孩，因為我一個禮拜才回家一次。後來我管過陳大勇，我叫他進軍校，校長那時候答應他，「你英文程度很好，如果你在官校唸到一定程度以後，我就送你到維吉尼亞軍校。」結果他不幹，他堅決退伍。現在想一想，他是對的，他假如上軍校的話，我是他的爸爸，對他影響太大，因為我是堅貞的國民黨員，民進黨恨我入骨，他就倒霉了。後來他從美國大學畢業，讀了兩個碩士，回來以後就去管理臺商子女學校。

　　我兒女的證婚人，都是大人物。大兒子的證婚人是彭孟緝，他當時是我的長官，小兒子的證婚人是郝柏村，我女兒的證婚人是蔣彥士。郝伯村從來不幫人家證婚，他第一次証婚就是幫我兒子的表哥證婚，因為他們有姻親關係，而且那時他已經完全退休了，所以才願意去證婚。彭孟緝因二二八事件有很大的爭議，他跟我也有師生的情誼。

　　前金門防衛司令部司令許歷農還健在，他今年106歲，身體狀況很好，但不能走路了。今年過年的時候，我和大勇還開車去看他，我特地把他請起來，我們兩個人向他鞠躬行禮，才開車回來。他很孤單，同學都過世了，他的侍從官已80多歲了，到現在還跟著他。

　　我的兩個兒子小學是唸女師附小，初中是南門國中、弘道國中。大同後來板橋高中畢業以後進了中正理工學院，大勇到光仁高中，大勇高中畢業大學考不上，就到美國唸大學。

13. 光武演習，大展軍威

民國 77 年的閱兵大典，代名為「光武演習」，「光武」二字取自於大漢光武中興的意義，期待於繼任的李登輝總統，在這關鍵時刻，領導全國軍民再創新猷。我很榮幸地擔任了國慶閱兵典禮的指揮官。

我先召集以往曾有辦過閱兵經驗的同仁，成立國慶閱兵專案小組，制定實施計劃。

為了擴大演習的規模，增強整體的氣勢，在徒步受校部隊方面，由原先的「連方隊」改為「營方隊」，方隊的正面從以往的 12 人加大為 24 人。縱深則由原來的 9 個班增加為 18 個班，這樣的大部隊在通過閱兵台時，非常壯觀，參加演習官兵的總人數達 16666 人。

經過兩個月的駐地訓練，7 月時全部集中到湖口基地進行整合訓練，10 月會操演練，接著就進駐臺北，實施現場全程預演，第四次預校由參謀總長郝柏村上將主持。

「光武演習」駐紮在臺北市期間，我特別要求各演習部隊，要在國人面前展現優異的訓練成果與壯盛的軍容。官兵在個人行動時，要注意到服裝儀容的整潔，部隊行進時則一律唱歌答數，歌聲務必雄壯，力求振奮人心。

後來「光武演習」所展現出來的軍威，讓全國民眾見識到了國軍的精實壯大，進而對國家充滿信心，我頗以此為榮。

在閱兵的前三天，三軍總醫院院長程東照將軍，在國軍英雄館替我開了一個房間，禁止任何人找到我，我 3 天沒接見任何客人、任何長官部下，他們保證我 3 天以後，我的聲音沒有問題。結果閱兵那天，我聲音很宏亮，就是他們規定我 3 天不要講話的結果。

民國77年國慶閱兵指揮官登場

民國77年國慶閱兵指揮官登場

陸軍部隊以營方隊通過司令台

陸軍裝甲步兵營通過司令台

14. 陳大勇談台灣的私立學校

陳大勇是我的小兒子

台灣的私立學校每屆的學生人數都很少，不像公立學校動不動就是上千人。我在光仁高中那一屆總共才 200 多個學生，學校小，同學們情感都不錯。我們現在開同學會，動不動就可以號召上百人。

私立學校的學生，爸媽應該都有點成就，要不然也付不起昂貴的學費。三十幾年前，學費一個學期 1 萬塊錢新台幣，很貴。我們是軍人家庭，我媽說政府有補助，那時候公務員一個月的薪水也不過幾千塊，公立學校的學費只要幾百塊錢。

現在的私立高中很多，一學期學費約六、七萬新台幣，付得出來的家庭還是比較多。我在畢業以後有個很有趣的觀察，就是我們的同學中絕對出不了郭

台銘,因為家裡對小孩都很呵護,能供應上大學,安安穩穩就好了。我們畢業同學的職業,以軍公教最多,讀書讀得特別好的就能當醫生。

以前私立高中的故事就是:在台灣考不上大學,就直接到美國去唸書。我也是,我後來在喬治亞大學讀得蠻好的,拿了 2 個碩士,我是 Double Major : Finance and CIS (Computer Information System),但我只拿到一張畢業證書,父親不了解,一直開玩笑說我騙他的錢,直到他的孫子唸臺大電機系 Double Major,只拿到一張畢業證書,他才釋懷。

我哥哥陳大同是英國 Cranfield 大學博士,他現在是醒吾科技大學的教授,他說他可能等不到 5 年之後拿退休金了,因為現在少子化,學校都收不到學生。若干年後,我們學校或將也面臨能否生存的大海嘯,沒人生孩子了。

台灣近來最大的新聞是私立學校東山高中超收一百多名學生。在我那個時代,私立學校讀不下去的學生,全部都轉去東山,但東山後來辦好了,因為它搭上了另一間私立學校景文高中倒閉的便車。

景文高中曾在兩三年間,是很好的私校。他的老闆很有魄力,肯花大把錢把北一女、建中的老師請過來。他跟這些老師說,「如果你退休了、或是不想退休,你到我這邊來兼課,我一堂課給你一樣的錢。」退休老師都已經有終身俸,在景文教書等於拿第 2 份薪水,所以景文學校擠滿了退休及兼課的建中、北一女的老師。父母一聽到景文有這樣的師資,就都轉到景文去。可惜景文只好了一兩年,因為它的老闆跟隨李登輝前總統的南向政策,拿了很多錢去東南亞投資,把學校的資產也抵押了,最後這些錢就卡死在東南亞。

這個契機造就了東山。景文被迫解散以後,它培養了這幾十個老師,都是好老師,東山就在這時跟所有的老師講,「你們不要擔心,全部到我東山來,我們給你們一樣的薪水。」結果老師們就全部過來了。你看現在這麼多私立學校都倒了,大家都收不到學生,但是一些好的私立學校卻爆滿,學費超貴,它就是有方法讓你排隊入學。

15. 2001年成立華東臺商子女學校
East China Taiwanese Businessmen's Children's School

　　全大陸只有3所臺商子女學校，一個在東莞，一個在上海市，還有一個就是我們的「華東臺商子女學校」，現在學校的事我都沒過問，交由我小兒子陳大勇管理。當初我們辦學校時沒有錢，向很多朋友借錢，現在都還清了，大概一億元左右。

　　那時江蘇省的教育廳、台辦主任，上上下下都非常支持我們學校，這個項目最後是大陸教育部批的。江蘇省教育廳俥副廳長，他們去中央辦事，也都是打著我的旗號。我會辦學校，跟家庭背景沒有關係，完全是因為台商的小孩及家庭的問題，所以才把我自己抬上去。

　　我們開辦臺商學校得到的經驗是：中共開始重視我們的歷史了，他們承認民國38年以前是中華民國，38年以後是中華人民共和國。

　　李宗藩：他成立這個學校，考慮了一個重要問題。我們臺商帶小孩到大陸去，上大陸的學校、上國際學校，都沒有在我們自己辦的學校受教育來得扎實，所以他才成立這個臺商子女學校，教育台商小孩，照顧台商，讓他們沒有後顧之憂。

16. 台商曾說,「子女的教育問題無法解決。」

陳大勇:台商的小孩到了大陸,最大的問題就是上學時要降級,比如說他在台灣是四年級,到那邊就必須降到三年級,然後再升上來。不是因為大陸的程度比我們好,而是他們的教育就是我們30年前的填鴨式教育。我們做過很有趣的實驗,看他們的程度是不是真的比我們的孩子好,我邀了蘇州中學的學生到我們學校來做台灣的考題,他們也考不好,因為他們小孩子目前的思維模式還沒有辦法應付比較靈活的問題。

兩岸學生的差別不是程度的好壞,而是學習的內容及方式不一。但大陸不管這麼多,台商小孩就是會碰到這個問題。我爸那時看到台商個個叫苦連天,他們的說法就是「子女的教育問題無法解決」。所以他決定辦臺商學校,解決台商子女在大陸的教育問題。

父親那時只是有個想法及概念,我們的表伯父是教育專業,他也參與了可行性的評估。那時我與內人還在美國工作,父親把我們從美國叫回來,後來的推動就都是我們的事了。

我們申請興學,前後花了一年,另外一所臺商學校申請了四年才批下來。等我們把申請的資料備全,大陸就要求老先生過來,父親那時候70歲,身體很好,我打電話請他出馬,他馬上就坐飛機來,人家當然很重視。台辦立馬安排我們去辦學最重要的單位 -- 教育廳拜會,王廳長見到我父親就說:「我也是鹽城人,鹽城鍾莊人」。又說:「所有的事情您不要擔心,我派一個人全程陪同處理」。這位王廳長與我父親雖然素未謀面,但他的家離我父親家大概還不到20華里。

校本部於 2001 年在昆山成立,是一所跨越 15 個年級的完整中小學,2010 年另於蘇州設立分部,2012 年於宿遷成立分部,2017 年於南京成立分部

華東臺商子女學校

2.1K likes • **2.3K** followers

華東臺商子女學校 2001/08 開始 專為台灣人設立的學校 私立幼稚園至高中 https://www.htbs.org.cn

17. 儲備優質老師

陳大勇：華東臺商子女學校會請最好的台灣老師來任教，食衣住行全都由我們負責，如果老師在台灣有退休金可拿，那學校給的薪水就等於另外多了一份收入，好爽！我們三家臺商學校的操作方式都差不多，因為你不這麼做，老師們就不肯留在那，台灣多好住啊，不用離鄉背井去大陸吃苦吧，所以在大陸就得給台灣老師全方位的照顧，我們目前的臺籍老師大約有110多位。

我常在昆山的台商協會座談，告訴他們我們才是台幹最多的企業，像是富士康、鴻海這麼大的廠，裡面台幹的數目用一隻手的指頭就可以算完了，我們臺籍教師就超過百名。除了照顧他們的生活起居，還要承擔機票、薪水，一年老師們可以回來兩次，行政人員可以多回來幾次。

18. 有效緩解「包二奶」

我父親在蘇州辦這個學校，真的是造就了很多家庭沒有破碎。我父親的起心動念很簡單，就是他到大陸以後，看到大陸教育體系的落後，他很想回饋鄉里，然後在很偶然的機會裡，發現台商子女的學校對台商家庭的完整是很需要的，他就開始借錢辦學校了。

我們學校的價值，就是照顧台商的孩子，協助他們完成教育的銜接，因為台商的工作不穩定，今天公司派你到這邊做3年，明年可能就要你回去，你可以拒絕嗎？不行，所以說孩子也會因為父母公司的去向，轉來轉去。

遷移對一個家庭的影響很大，尤其對是小學生，一個三年級的孩子，動不動就叫他轉學去大陸，待兩年以後又要回台灣了。

在早期沒有臺商學校的時候，這些小孩面臨的就是兩種選擇，一個是爸爸去就好了，我跟媽媽留在台灣，所以20年前大家都聽過「包二奶」這個專有名詞。

我與內人運氣很好，我們二人可以一起進出。我們在2000年5月到上海，晚上到餐廳吃飯，看到最多的就是台商一個人坐一張桌，一面吃麵，一面看報紙，時間一長，你說那些人怎麼不會包二奶啊？他們被稱為臺獨分子，很孤單的。

我剛剛到昆山的前三年，聯合報有則新聞說，在我們學校門口送小孩的，全部都是二奶。

我們臺商子女學校成立以後，在某種程度上解決了包二奶的問題，不是把包二奶的事消除，而是把機率降低。現在可以全家過去了，小孩的教育問題解決了。

19. 我們的學生考上985大學

我們臺商學校辦到現在，是大陸三個臺商學校中，績效是最好的。我們高中每一屆都有180個學生，今年就有7位學生考上北大、8位清華，升學率很高。

大陸有個985工程，是1998年5月江澤民提出的。因為大陸的大學有上千所，所以國家有計劃的去提升這些學校的素質，「統籌推進世界一流大學和一流學科建設總體方案」，2017年「雙一流」名單正式公佈，至2010年共有39所大學入選985，成為國家重點扶持的學校。一般認為，只要你是從這些學校畢業的，代表你的程度應該很好。我們學校三分之二的學生都考上985大學。

領過我們學校畢業證書的學生，截至目前為止有 8000 人。我們學校有個特點：每一年都會轉進轉出 300 到 500 名學生，因為台商的工作有時會調回台灣，或是調到大陸。前幾天我請學校的註冊組幫我統計一下，20 幾年來在我們學校曾經進出的學生大概有 1 萬 5 千到 2 萬人。

20. 一張名片，項目審批獲准

　　華東臺商子女學校的項目當初能夠審批通過，就是把父親的名片拿出來而已，名片上寫了「備役上將」的官銜，陳廷寵三個字是他自己用毛筆字寫的。

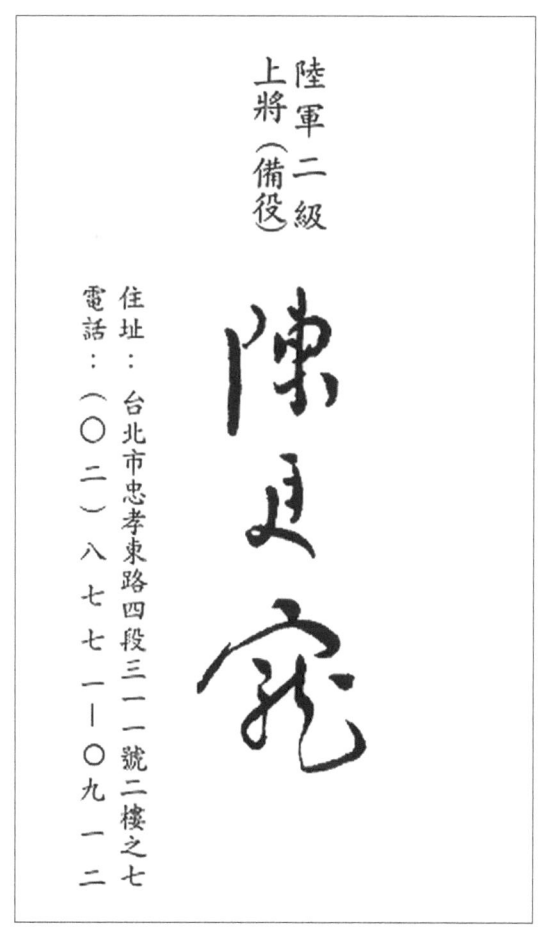

那個時代就是這樣，我們一開始按照程序逐級遞交公文，經過三個星期也沒有消息。後來我們理解到可能還要老先生親自出馬比較有效，所以我們跟官方溝通，跟他們說這個項目是老先生想要回饋鄉里的。

其實也不是每個人都認識他，但是當我把名片拿出來，他們一看到就覺得這個人不能忽視。我親眼看到他們在後面做功課，打電話四處去詢問，然後他們就過來跟我說，明天請你們到教育廳裡的會議室來。

我們花了三個星期，都沒進過他們的會議室，都只是在辦公室或是一樓的路口交談，老先生的名片一遞上去，我們第二天就可以進會議室了。

初期辦學校的土地是江蘇省政府的地、校舍全部低價租用，這可是省了一大筆錢！這麼多年，他們就是派了一個副校長，他跟學校配合得很好。現在仍派有副校長，每兩年重新派一位。他們官方做事都是一個口徑，意識形態很強，但不會真的把這些事情強加我身上，他們不會讓我們覺得這個事不能做、那個事不能做。

21. 台積電大陸設廠，也是項目獲准的誘因

陳廷寵：大陸官方這麼給面子，其實還有一個誘因，就是南京的政府想讓台積電到南京去設廠，所以提供給臺商子女學校的設施都非常現代化，讓我印象深刻。台積電的廠設在浦口，在江北，靠著長江邊，台灣供應不起台積電的用電，這是個事實。

臺商子女學校的校舍房租，我們出不起，但大陸政府為了台積電的關係，就把校舍免費提供給我們。我們沒有所有權，只有使用權，每個月還提供我們一些教學的基金，讓我們沒有後顧之憂。

我們在江蘇宿遷也有一個教學點，等於是我們的分校，現在已有14年了。總之，我們的本校在昆山，北邊在宿遷，中間是南京，這些都是因為台積電的關係，大陸希望他們去設廠，所以要照顧他們員工的子女。

陳大勇：最近賴清德選上台灣總統，大陸方面對我們更加關心，查看我們社會課本的內容，還會反問學生一些問題，看看他們的書包裡有沒有違規的物品，他們就只來過一次。

我們跟另外的臺商學校是朋友，也有競爭，因為我們辦的真不錯，他們兩家學校都是緊緊的追在我們後面，大家都還保持很友好的關係，但沒有什麼學術合作或教育合作。台灣人的眼界不寬，我父親現在也都不太拋頭露面，他每次去大陸，人家都很重視，只是現在被重視不知道是好事還是壞事。

22. 大陸名校提供台商子女名額

最近台灣方面找我去問，「聽說你們學校的孩子60到70%全部留在大陸讀大學」。我回答這是事實，因為大陸給他們很多優惠，比如說「獨立招生」的政策。我們學生程度雖好，但也不至於有8位考上清華大學，蘇州市一整年才考上8位，就是因為這個「獨立招生」的政策。清華大學每年給台灣學生30個名額，我們有8位程度很好的學生，他們就考上了清華。

我十年前跟台灣的教育部長提起「獨立招生」的建議，但他們說，「台灣最講究公平，所以不可能有這種政策。」我很理解。所以，同樣的小孩在台灣，他可能就沒有辦法上到很好的學校，他當然願意進大陸的名校。

這個台灣官員竟然還講出更沒水準的話，「我們給他們很多補助款，他們應該要回饋，回台灣唸書。」我們學校的學生都是高中以下，在台灣叫做國民教育，是免費的，他應該問，「我們該做什麼事，才能讓這些學生回流？」事

實上，大陸今天會有這些政策，我們出力最多。

當年，大陸教育部第一次邀請我們三所臺商學校去北京，問我們有沒有什麼問題。我事先在學校裡與大家討論，發現台灣學生要考他們大陸的考試是很困難的，都考不上好的學校。大陸教育部的問法很有水準，他說，「那你們有什麼想法」？我早就準備好了！我說，「可不可以用台灣學測的成績直接申請你們的學校」？他一看到我的案子早就寫好，第二天就告訴我們，「那我們就照你的辦法辦」。

所以從 2011 年開始，我們華東高中畢業的孩子，拿著台灣學測的成績單就可以直接申請清華北大等大陸高校。兩年以後全台灣的學生拿著學測成績，也可以直接申請，因為在我們學校試辦兩年，發現效果良好。

「獨立招生」的學校都是自己定名額，清華給 30 名，北大也是 30 幾名，現在因為申請的學生成績都很好，所以競爭很激烈。要上清華，台灣學生只要考在前 30 名就可以錄取了。至於大陸學生要考上清華，這些學生幾乎從小到大都是第一名。

我的表妹夫是同濟大學畢業的，同濟在上海可不得了，但他是江西人。上海升學是有保護政策的，就是有上海戶口的，錄取名額佔一半。一個學校如果今年收 1000 個學生，500 個一定是上海戶口的，剩下的一半名額就由其他省份的學生來拼。我就跟表妹夫開玩笑，「我聽說在上海的好大學裡，只要不是上海戶籍的，考上的都是其他省裡的第一名。」他很謙虛的說，「沒有哦，我是第二名。」

學生升學的競爭非常大，我們為台商子女創造了一個比較容易升好大學的管道。大陸都是一群聰明人，只要意識形態走到一個極端，這麼多聰明人的政府應該會想通很多事。就像他們在 70 年代突然想通了，經濟才是最重要，所以整個國家改頭換面，經過 30 年，國家就富了。

23. 興學的風波不斷

父親去了江蘇以後，中央批准的手續在半年內全部辦妥。這個學校確實很特殊，它需要兩邊政府：中國政府及台灣政府同意才能辦理。公元 2000 年陳水扁上臺，他一開始是想改善兩岸關係，所以當他看到有這種臺商子女學校時，馬上就承諾要給每個孩子一個學期 15,000 元臺幣的學費補助。他用一種方式把錢直接給學生，不經過學校。

因為我父親說了「台灣戰力是零」，引起轟然大波，民進黨政府就把學校 6000 萬的學費補助款凍結了，但這些錢不是給學校，是給學生的，最後我父親辭了董事，預算才撥下來。民進黨的意識形態比較強，在我們的接觸過程裡，大陸反而沒有給我們太多的刁難。

24. 大陸公職薪水高

我在大陸時，會盡量少與軍方接觸，因為我覺得我自己身份特殊，潔身自愛，少跟他們碰。他們的軍校制度好像蠻複雜的，不像我們這麼單純：陸軍官校、空軍官校、海軍官校。他們的各縣市都要最優秀的青年，經過考核，才能從軍。一個小鎮人口很少，要好幾年才會出個阿兵哥。跟台灣不一樣，台灣 30 年前的軍人，都是國中畢業上放牛班的，考不上高中，考不上大學，然後去當兵。大陸連官階很低的阿兵哥，也一定是在品行或者其他方面很傑出，才有機會從軍。

低階的軍人沒有貪污的管道，但高階的就不一定了。最近習近平拿掉 2 個上將，就是因為打貪吧！習近平上台，貪污有大幅減少，相較之下，大陸政府在早期機動性比較強，因為有錢的驅使，在招商引資上的指標之下，會有很多貪污的機會，現在習近平把貪官污吏都打得差不多了，所以在大陸公務體系推的項目，成效不彰，大家只怕出事。

大陸公務人員的薪水很不錯，軍人的待遇更高。一個公務員的年薪相當臺幣1百萬元，或至少15到20萬人民幣。有官職的，比如說局長、科長，薪水更高，而且福利很好，所以很多人願意捧著這個鐵飯碗，只要不犯錯，基本上不會被革職。

25. 生男多、生女少的趨勢已經緩和

　　我目前沒有發現大陸有男女小孩比例懸殊的問題。聽說早期一胎化政策(1979-2015)，問題很多，但這個政策十年前已經廢止了，一胎化廢止後，開放二胎，2021年還鼓勵三胎，但是效果不好。因為聽說了他們男女孩比例懸殊，所以我每次到學校去參觀的時候，就會問他們學校的男女升比例，他們回答是五五成，因為現在不排斥生女孩子了。

　　在大陸做老百姓，只要你沒有政治主張，就不會有太大的問題，若有政治主張，你會活得很痛苦。人民被當前的政權束縛了幾十年，老百姓都很惜福，多數老百姓不太過問政治，他們最在意的就是自己每個月可以領多少薪水，三餐有沒有問題。這件事，中國東部沿海的地方政府做得最好。

26. 大陸員工福利較好

　　現在我們學校員工們的房子，都比我們多。我們員工的年齡都在20、30歲，小孩由他們的爸媽帶，因為他們的土地被徵收，每個人都能獲得政府分配的三套房子，比如說賣給台灣學校蓋校舍，或是蓋工廠，雖然他們的土地沒有權狀，但是地上建築物是有所有權的，政府賠你這地上物的做法，就是一戶給三套，你再把房子租出去就很有錢了。內地情況我看不到，但是我們看到的沿海地區，老百姓生活都很富裕。

每一次 iPhone 出新款，我們學校的員工就換新手機，若問學校到底一個月給他多少錢？只有 4000 塊人民幣的薪水，iPhone 出來換一隻約 6000-9000 人民幣。最近幾年因為民族主義抬頭，大家就換買國產華為了，不見得是因為華為比較好。

總之，共產制度太厲害了，他們照顧老百姓是義務，但他們有很大的問題 -- 官大民小，這兩種人在表面生活上是很和諧的，但是一旦發生衝突，老百姓卻沒有申訴的管道。官方表面上說得很好，「你可以循法律申訴」。但是申訴的管道沒有，怎麼辦呢？

大陸內部省份一定有窮人啦，窮苦的問題也一定存在。早期我剛去的時候，我聽老一輩的台商講，他們跟政府討論事情，都要帶一袋一袋的錢去，一給就是上百萬，因為他們要開的公司是上千萬的。落網的貪官房子的牆壁或地板打開後，裡面都是鈔票，因為他們不敢存在銀行裡。

27. 廉政帳戶

大陸政府曾經有一個廉政帳戶的制度（1995-2016），它在每個銀行裡設一個帳戶。公務員收廠商的錢沒問題，但是你要把錢匯到這個政府的戶頭，你只要匯了，將來打貪的時候查到你，發現你有把錢匯回來，你就沒事。在大陸是大官在貪，小官不得不貪。比如說我今天有一場飯局，某大公司來投資，他準備給市長 100 萬、副市長 50 萬，在座的還有局長科長，你若只是一個科長，你眼睜睜看著市長拿了 100 萬收起來，你敢不收？有人敢說我這個錢不要嗎？。政府告訴你，你這科長可以收錢，我允許你收，但你必須把錢隨後匯到這個戶頭裡。這個政策現在已經沒有了。

邱彰：大陸反貪五花八門的措施不少，各地方制訂的措施也不少，但沒有從根本上解決，反而出現越反越腐，越反越大的現象。

多年前有人提出，從中央政治局委員先做表率，公布自己的家庭財產。這麼一個簡單的事情近二十年的時間就是落實不了。

從江澤民時代就喊要抓落實，結果從政治局常委、人大副主任等級別貪污的，都越來越多。到習近平時代，反腐永遠在路上，確實抓了很多軍隊，從中央軍委副主席到上將中將少將，只是除軍隊外，其他領域很難找出一塊淨土。

沒有反對黨的監督，沒有真正的媒體監督，沒有人民廣泛的監督，腐敗的問題難以徹底解決。只有從上面徹底解決再往下推廣就好辦了。

陳大勇：我們學校有規定，學生的家長逢年過節給老師送禮，送盒水果沒事，但不可以送錢。大陸的學校早期非常的不正常，他們有中考，學生必需考500分，才可以進公立學校。貪腐的方法那時多樣化，像是每一位校長、主任都有名額，比如說校長有5個名額，這5個名額他就可以收錢讓學生進來，但是有一個分數的限制，就是這個考生的分數必須離錄取分數5分、6分之內。現在校長一年可以拿20萬的薪水，不需要絞盡腦汁貪污了。

陳大勇：我現在看到美國78歲的跟82歲的人在選總統，覺得很傷感。早期我曾跟父親說，中國最大的問題是年齡，人口平均年齡是50多歲到60多歲，中國的繳稅人口佔全國大約四成，也就是六成的人口都是18歲以下和60歲以上，也就是是很少數的人在養很多的人，平均年齡那麼大，生產力當然就會遞減。美國現在人口平均的年齡是38.5歲，一個家庭有兩三個小孩是常態。14億個60歲跟3.5億個30幾歲對打，你認為誰會贏？

28. 中國的少子化是隱憂

中國的少子化是它目前最大的問題，日本、韓國都面臨同樣的問題。因為中國是社會主義國家，國家在養老百姓，所以在中國當老百姓是很不錯的，吃的、住的、喝的、玩的、用的，你不要去討論生活質量及品質，你至少不會餓死。在大陸男性60歲、女性55歲可以退休，退休以後每個月一般都可以拿到3000到4000元人民幣的退休金，我了解的是中國東部沿海的情況。我叔叔在90年代才跑到私人工廠工作，雖然能賺更多的錢，但他沒有工齡，對他現在的退休金有很大的影響。他只在公家工作15年，剩下來的25到35年是在私人企業工作，即便這樣，我叔叔每個月也有4000塊。我的三姑媽小學老師退休，每個月有9000多塊。我們學校的一位副校長終於退休了，我有一天問他，我們學校沒有退休金給你，你有其他退休金嗎？他說有1萬5000塊。

這麼大的一個負擔，中國只有四成人在繳稅。據說大陸去年的生育率是全世界倒數前5名，14億人口的國家裡面，只生了1000多萬個嬰兒，現在印度人口都比大陸多了。CNN說中國在2030年人口會降到13億，現在是14億，到了2100年，中國只剩下七億了。我們住在大陸，會比較擔心大陸的人口下降問題，後果就跟原子彈爆炸一樣，是很可怕的事。

29. 故人與往事

（1）蔣緯國上將的江湖傳說

蔣緯國的前妻是石靜宜，她過世了，她的父親是紡織大王石鳳翔。我到三軍大學當學生時認識蔣緯國。那時流傳一個關於蔣緯國的笑話：他看到女人就瘋了，見一個愛一個，他是個容易動情的人。有一天我們陸院辦活動，他就把他的女朋友陳麗麗帶來，大方的介紹給我們。

蔣緯國出生於日本京都，是黨國大佬戴傳賢的兒子。他在蔣緯國出生以後，就把他帶到台灣交給老總統，因為蔣中正知道他的太太極厲害，是日本黑社會成員，絕對容不下這個小孩。

戴傳賢還有一個兒子叫戴安國，曾經留學德國，後來當我國駐德代表。

（2）剛毅的郝柏村上將

老總統召見的時候，我第一次見郝柏村。他的武官通知我，「你不要走，因為總統召見以後，侍衛長要見你。」我就進去拜見郝柏村了。他開口就說，「你是鹽城人，我問你幾個人，你知不知道？」他問的都是我的堂哥，我們同一輩，我都不認識。後來我尋根的時候，編纂了家譜，把這些人都找到了，有的在四川，有的耳朵老早就聾了。

我後來從沒找過郝柏村關說，因為彼此是同鄉嘛，至少可以講兩句，我曾經寫封信給他，他沒有回，以後我就不聯絡了。他雖然沒關照我，但也沒有忘記我，後來他當了軍團司令，就交代人事處處長找我，這個處長找了快半年才找到我。因為那時候，軍政跟軍令是分開的，軍政是部長的權，軍令是參謀總長的權。我那時在部長辦公室第一處當參謀，不隸屬參謀本部，所以他找不到我。後來郝柏村的秘書、第一軍團司令的秘書盧光義找到我了，他把我的電話告訴人事處處長，處長叫我立刻過來見司令，我還不敢直接去，就先跟我現在的處長報告，處長說，「你趕快去趕快去找他，看他講什麼。」然後我就坐了下班的交通車，從國防部坐到第一軍團。

　　郝柏村一看到我只是中校，就說，「你怎麼還是中校？」我心裡想，我在我們那期還是在前面的，但是我沒講出來。他要我把電話告訴秘書，隨時保持聯絡。我跟他的秘書盧光義很熟，他當副指揮官的時候，我當營長。結果第二天，盧光義就叫我送照片去，郝柏村馬上給我報了600群上校指揮官，報的時候盧光義是第一名，我是第2名，結果盧光義被圈上，我落選了。

　　郝柏村交代我不要在國防部待下去，要到部隊去帶兵，他說我在國防部是浪費時間。結果國防部部長（黃杰）辦公室主任袁行濂不讓我走，他們說一個成熟的參謀是很難訓練的。最後郝柏村指示前辦公室主任周菊村去讓國防部放人，郝柏村對他說，「你是原來的部長辦公室主任，你去叫他們放他走。」結果國防部只好放人啦，我就到第一軍去當作戰處長，一年後再到58師當砲兵指揮官。

　　郝柏村是我的貴人。到台灣之後，郝柏村是上校、砲兵學校總教官。他欣賞規規矩矩、不欺騙人的人，在他面前不能作假，假如你有一次被他看穿，那你以後永遠是假的，他嫉惡如仇。

　　中國現在非常尊敬郝柏村院長。郝柏村曾去過北京，參觀蘆溝橋的「中國人民抗日戰爭紀念館」，裡面寫的都是顛倒是非，說抗日戰爭所有的戰都是共

產黨打的,郝柏村當場舉手大聲抗議,「錯!這個資料完全錯誤,抗戰是我們蔣委員長領導的。」站在他身後的中共官員沒有講話,趁機溜走。

郝柏村現在還留下一個組織,「中華民族抗日戰爭紀念協會」,是 2015 年成立的。我是第一任理事長,後來交給黃炳麟,現在的胡筑生是第三任。

< 兩岸國際　

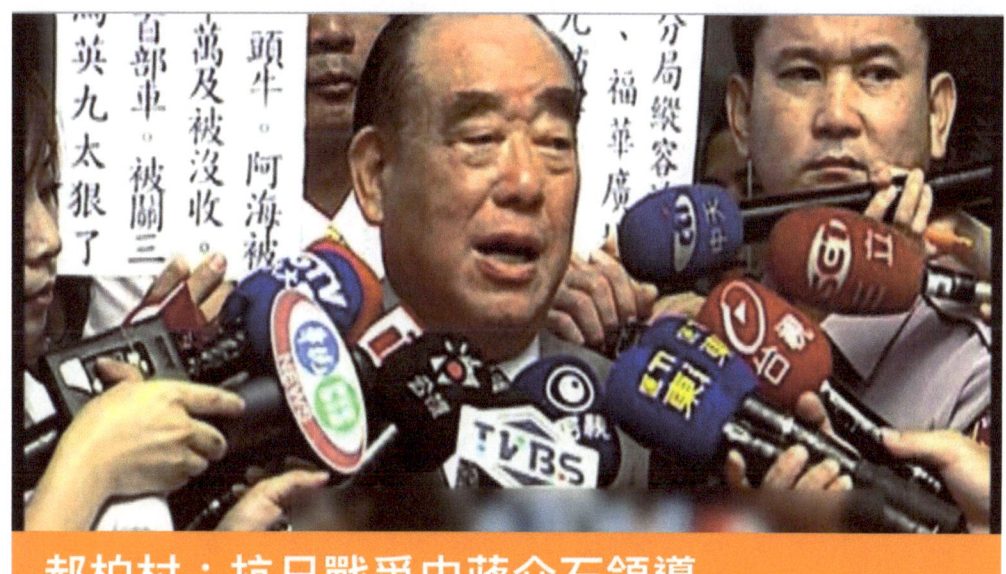

郝柏村：抗日戰爭由蔣介石領導

（3）一絲不苟的岳天中將

李宗藩：岳天中將退伍之前是國防大學教育長，他是陸軍官校十七期，清廉正直、生活嚴謹。

民國 63 年，我在裝甲 51 旅服務，擔任民事官，當時軍中有藝工隊，定期到各部隊宣慰國軍，她們通常都是先到旅部會議室休憩與用晚餐，這正是我負責的業務。那時有些女團員要上廁所，因為營區女生只有一間廁所，大家要排隊等，恐怕趕表演來不及，我就跟旅長岳天報告，建議開放旅長辦公室廁所，讓女生使用，他勉強點頭同意。事後他問我：「你是幹部，怎麼會建議長官房間，隨便讓女生進來坐在床上等候上廁所？」

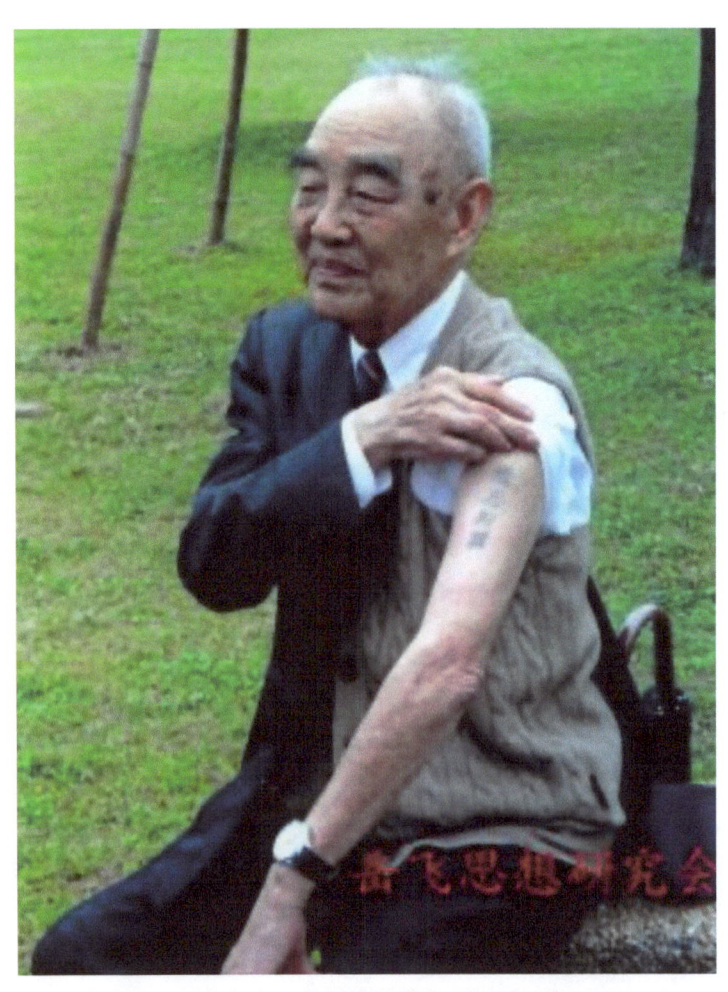

時年92歲的岳天中將為岳飛後裔

演出結束後，他隨即傳令，把所有的床單及椅墊全部送洗，十分堅持男女分際。

岳天中將出生于1922年，祖籍江蘇省睢寧縣，是民族英雄岳飛後代。民國28年他參加桂南會戰、昆崙關戰役，英勇無畏，此役全殲日軍第21旅團，擊斃日軍少將中村正雄，他在參加中印緬十萬大軍誓師大會時，於左臂刺"精忠報國"並高呼：還我河山！高唱《滿江紅》。

岳天中將是位公私分明、堅持是非的人、有一天我擔任值勤官，營門衛哨報告：「有一位女士她說是岳天的夫人，要找旅長。」我立即報告旅長：「夫人來了，說您很久沒有回家，現她在衛兵室，是否要請進營區辦會客」？他說：「不行！現在是操課時間，請她在門口等我，中午12點，我出來接她，帶她去吃飯，吃完飯以後，她自己回去」。我問旅長這樣好麼？他說沒事，我們都是這樣。

休假時岳天去找夫人，門口警衛一看來了位將軍，就會通報校長，校長會接待至貴賓室並通知夫人，夫人也是請警衛回話，「上課時間不能會客，等下課後再去」。這對夫妻的互動真有意思。

陳廷寵：有一天我隨同岳天，來臺北看六張犁的師部，那時他是軍團副司令，我是軍團的第三處處長，我們一起到六張犁看裝甲兵部隊，因為他曾是裝甲兵。

他看過以後掏了500塊錢當加菜金，我回來以後，就把這個錢加在我們的預算裡，然後拿了500塊錢交給參謀，給岳天送過去。參謀告訴他，「這是處長叫我送來的。」他回答，「這是我給的加菜金，拿回去！」我就叫參謀把500塊錢給我，我來交給他。

我跟他說，「昨天我跟你一起去看裝甲兵部隊，你給500塊錢加菜金，現在歸還給你。」他說，「這是我出的錢，為什麼要還給我？」我說，「你是副司令，假如你是司令，你給1萬塊錢我都不管你，你是副司令，沒有錢嘛！」我講了

這個話，他才把這 500 元收回去。岳天在 2015 年，以 93 歲的高齡過世。

（4）盡忠職守的董瑞林中將

李宗藩：民國 79 年，我從小金門烈嶼師調任工兵學校，校長是董瑞林將軍，陸軍官校 30 期畢業，美國賓州大學機械工程碩士，我們也是戰爭學院 76 年班同學。

有次在徒步巡視校園時，他問我，「我已達少將屆齡退伍年限，何時可以升中將？」我想到曾經擔任過高層辦公室參謀的張上校，我就請他幫忙，他說，「那簡單，你去高層送個禮就好了」，董校長很慎重的買了十個韓國大蘋果，請他轉送，時間過了三個月沒動靜；董校長問我，「我送給高層的禮物有回訊沒？」我再問張上校，他回應，「董校長送的大蘋果，高層轉送警衛班分享了。」當時我想是不是禮物太輕看不上眼。民國 80 年董校長調職陸軍總部委員兼副參謀長，預定 6 個月以後退伍。

民國 80 年 6 月，陳廷寵上將接任陸軍總司令，我及工兵學校教育長朱龍山是網球拍檔，經常陪同陳廷寵上將打網球，他搭配一位年輕的盧姓亞青盃國手，打得我們到處撿球。

有一天打完球後，陳上將要我及朱龍山，陪他一起去看看陸軍總部的伙房作業，一進門就看到一位老人家穿著白衣服，正在踢桌子、扔板凳，非常生氣的說，「怎麼搞得地上都是水，」他就是董瑞林將軍！

總司令問他，「你現在是什麼職務」？「報告總司令，我是待退委員現兼副參謀長」！「你家住哪裡」？「臺北」！「那你為什麼下班後不回家呢」？「伙房現在是我管，事情沒有做好，不能回去，一定要把地板積水清乾」！總司令回說「謝謝你的辛苦與負責」！

後來總司令問起董瑞林將軍這件事，我和朱龍山回報：「董瑞林將軍秉性忠厚、個性耿直、是非分明、嫉惡如仇、負責盡職，積極任事、學經歷完整」。3個月後，陳總司令保薦董瑞林將軍，候選國防管理學院院長，翌年晉陞中將。

這就是我們尊敬總司令的原因，他沒拿金子、銀子，也沒吃到大蘋果，完全是為國舉才，沒有私心。

董瑞林夫人吳獻群的父親吳以平，首創科達化工股份公司，經營清潔劑等化工產品之製造及銷售，1983年更名為台硝化工股份有限公司，1994年獲證管會核准為股票上市公司，2002年通過ISO14001及OHSAS18001認證。

夫人的家族十分顯赫，台硝曾經是全臺前十大的化工公司，日前我在敦化北路遇見她，仍然亮麗依舊，有時我在想，這樣一位富家千金小姐，為何會嫁給軍校剛畢業的「又窮又矮又不帥」的董瑞林中尉？後來才知道是夫人母親看中他的「勤奮讀書、忠實可靠、規矩做人、愛國意識，是位可以仰望終身的良人。」

國防管理學院站長董瑞林中將與夫人吳獻群女士

（5）李宗藩少將的升遷風波

李宗藩：我曾是陸軍總部政二處處長，政戰主任李瑞華中將考量當時環境及陳上將夫人建議，決定由我接任于璇調升的第五處處長。案子到陳上將那裏，他批示，李宗藩在第二處長已服務一年2個月了，算是資深處長，下一個將階出缺就是他接任，如果到五處接處長，就是新任處長，佔缺就輪不到他了（新職務需任職一年）。4個月後我果然佔少將缺，所以陳總司令是我的大貴人。

我的第二個貴人還是他。民國83年6月，我調任國防管理學院政戰部主任少將職缺，院長就是我在工兵學校的校長董瑞林中將；報到後不久，政戰學校新聞研究所講師陳中校調任本校服務，我心中納悶這明顯是不符專長任職，因為本校沒有新聞系，只有安排到政治系服務。

由於新進軍官必須約談，以瞭解個人狀況，她當時表達十分委屈，說是因不從長官施將軍的意圖，被迫調職，她交給我2卷錄音帶，供稱是她在車上與施將軍的對話，另外還給我一本時報周刊，裡面有一篇她的專訪－「國軍的女藍波」，她揚言如果無法申訴成功，將向媒體公開所有資料，保證洛陽紙貴一書難求。

當晚我聽過所有錄音帶後，確認雙方有感情問題，茲事體大，必須立刻處理。我首先向董院長報告情況，接著去上級報告，分析此案可能對國軍形象產生負面影響。長官問我，「你能解決及處裡嗎？」我說有困難，因為陳中校堅定表示要還她清白，長官要我回去跟董院長商議後再決定，結果從陳中校那得到的答案就是不妥協。翌日我再去報告，並建議施將軍應該立即退伍，以管控停損，長官說他來處理，數日後施將軍自行報請退伍，此後我也成了辦事不力的幹部了。

陳中校事件過後，在將官晉升人評會中，我排名狀況不佳。此時陳廷寵上將已調陞總統府參軍長，我只有向陳上將報告當時情況，他聽後表示，「你的

表現優異，績效良好，我會向長官報告」，民國 83 年 12 月，我低空掠過終升少將，不過卻也因時空背景的諸多因素，上級認為我不宜留在管理學院繼續任職，於是將我從管理學院，調到陸軍總部工兵署擔任政戰主任。

在工兵署時，我經常打網球並參加營區網球聯誼會。民國 85 年，陸軍總司令由本省籍的湯曜明上將接任，他也喜歡打網球，我們經常相互切磋；有一天他跟我說，「李宗藩，你在政戰圈的發展有限！現在我有個好朋友，我在成功嶺擔任排長時，他是預官，現在是台灣師範大學校長呂溪木，你要不要我推薦你去台師大當總教官呢？」我欣然接受他的指導。

民國 87 年，我調任臺師大軍訓室主任（總教官）。民國 93 年 6 月退伍，跟隨趙寧校長轉至佛光大學任職。

李宗藩將軍與夫人金慧如

（6）自稱是日本人的李登輝

李登輝說自己不是中國人，是日本人，他說，「不管是 400 年前到台灣的台灣人，還是 40 年前到台灣的台灣人，都是台灣人，都是新台灣人！」所以我跟他翻臉啦。

民國 84 年 8 月，為了推動總統直接民選，李登輝邀請世界台商協會到總統府的大禮堂聽他講話。他站在司令臺，我跟秘書長吳伯雄就站在他的旁邊，他講完話以後，就轉身跟台商照相去了。照相時他坐著，每過來一個人就按一下快門，有 400 多人呢。結果他一進去照相，我就在當場大聲說，「剛才總統說錯了。」大家都盯著我，什麼地方錯了？

我就把他的話一一分析，指出哪裡錯了，「如果說 400 年前到台灣的是台灣人，我認為不對，都是中國人；至於 40 年前到台灣者，就是和我一樣的人，我不是台灣人，我是江蘇人。話應該這樣說，400 年前來台灣開墾的中國人，和

40年前搬遷來臺的中國人，今天都安居在台灣，可以說他們都是台灣人，也是中國人，對不對？」我一說完，掌聲雷動，李登輝也在場，聽得清清楚楚。

過了5個月，也就是民國85年1月24日，他就把參軍長的職位給裁編了，所以我是最後一任參軍長。李登輝說，我這個參軍長對他沒有幫助。

參軍長在大陸的時候，地位是很崇高的。因為大陸地區很大，參軍長要代表總統到每個地方去，總統哪有空跑這麼多地方？參軍長下面有很多參軍，參軍長就可以指派某一個參軍到哪去幫總統視察部隊，回來以後提出報告，說明這個部隊的好壞，訓練的精良與否。

大陸那時有幾百萬的部隊，台灣的部隊這麼少，台灣南北兩頭就是300多公里，所以參軍長的位置到台灣以後就變成花瓶了，總統走到哪，他就跟到哪裡，是總統的左右護法，文的是秘書長，武的就是參軍長。

在政府體制裡，總統府最大，所有國防部的公文都要經過參軍長，總統府第二局是管軍事的，公文經過第二局以後，才給參軍長看。

（7）回絕了殷宗文上將

後來李登輝找殷宗文來跟我妥協。殷宗文是安全局局長，黃埔25期的，我是24期，所以我是他的學長。他說，「學長啊，總統對你很好啊，你去跟他親近親近。」我沒理他。隔了一個禮拜，他又來了，「你還沒去啊！總統對你很好，你去跟他親近親近。」這次我翻臉了，把桌子用力一拍，玻璃板整個跳起來，我厲聲說，「他對我好不好，我自己不知道啊？出去！」

殷宗文那時是中將，他說他不要當特任官（安全局局長是特任官），他要升上將，結果李登輝就答應了。

這是我最後一張穿軍服的照片

（8）權責難免混淆的文人國防部長：陳履安、孫震、顧立雄

總統府之下文武雙全，文的是行政院，下面有國防部，國防部有 2 個領導，一個是國防部長，一個是參謀總長。國防部長是軍政系統（依法行政，受國會監督），像陳履安、臺大校長孫震；參謀總長是軍令系統（由元首發布軍事命令，不受國會監督）像是霍守業、湯曜明。陳水扁當總統的時候，參謀總長是湯曜明，湯曜明後來又接了國防部長，變成軍政、軍令一條鞭，權責有點混淆。

陳履安是軍政系統，所以他不懂軍令。他到大陸訪問的時候，大陸將領都非常奇怪，「你們為什麼對部長一點都不尊重呢？」他能做那個部長，因為他爸爸是陳誠，對台灣有貢獻，像是 375 減租、耕者有其田；當時國軍也在改變，正在想是否要用文人來當部長，不一定要軍人，後來的文人部長有陳履安（1990/6-1993/2）、孫震（1993/2-1994/12）、短期的蔡明憲、楊念祖及現任的顧立雄 (2024/5)。但當時國防部長掌握軍隊的實權，不如參謀總長。

「國防二法」實施後，只有蔡明憲與楊念祖為純文人部長，前者雖有國安會副秘書長與國防部副部長相關經歷，但出任國防部長時，已為前總統陳水扁卸任前「看守內閣」時期，實際任期僅 80 餘天；後者為「洪仲丘事件」爆發後，自副部長升任救火，卻因捲入爭議黯然辭職，僅任職 6 天。

現在新上任的國防部長顧立雄（2024/5）是外省人搞台獨，他之所以會從律師升為國防部長，就是因為他以前做過國安會議秘書長，對於國安、外交各方面都有涉獵。聽說他爸媽因為他搞台獨，他們要跟他斷絕關係。他跟陳履安當年一樣，是外行領導內行。妻子王美花曾任經濟部長 (2020/6-2024/5)

（9）「沒有李國鼎，就沒有台積電」李國鼎 (1910-2001)

對台灣經濟發展貢獻最大的有好幾位，像是孫運璿、李國鼎、趙耀東等等。李國鼎當過財政部長、經濟部長、行政院長 (1965-1988)，從早期草擬"獎勵投資條例"、推動加工出口區，到後來策劃科技發展方案、創設科學園區、促進國際合作等，讓台灣從農業社會邁向現代化，帶動科技與醫學的發展，李國鼎堪稱是台灣經濟發展奇蹟、科技產業發展的重要推手，他被尊稱為台灣的「科技教父」。

李國鼎先生曾在管理學會年會上說：「如果你們這些一流的人都不到政府裡來，來的都是二、三流的人，未來國家是由二、三流的人制訂政策，由他們領導一流的人，到時你們就知道痛苦了！」

他有一個真正的博士學位在 State University of New York at Stony Brook，8 個榮譽博士學位，像我住的附近的「科技大樓」，就是李國鼎蓋的。

李國鼎費盡力氣把張忠謀找回來，建立台積電，代表他認識人才。台積電創辦人張忠謀於 2023 年接受「李國鼎科技發展基金會」頒發的「李國鼎獎」，該獎項有 4 大頒發準則：對台灣經濟與科技有重大貢獻、有國際知名度、受到台灣社會高度認可，並與李國鼎有深厚淵源。

張忠謀當初從德州儀器到台灣，任職工研院院長，隨後創立台積電，背後就有李國鼎的支持。張忠謀本人也說：「沒有李國鼎，就沒有台積電。」

張忠謀說他和李國鼎有三幕的緣分：

第一幕 是在 1976～1980 年，張忠謀受邀來臺演講，李國鼎時任政委，「聽完演講之後，他馬上過來握手、約吃飯，因為他有所預謀。」張忠謀說：「當時李國鼎想要藉此認識德州儀器時任董事長派翠克·哈格提。與德州儀器建立起

關係。」李國鼎隨後多次前往德州儀器參訪,「他來就是由我負責接待。」

第二幕 是在 1980～1982 年,哈格提英年早逝,李國鼎嘗試招募張忠謀來臺,不過最終失敗收場。時任行政院院長孫運璿也加入招募張忠謀的行列,「他們跟我說,原則上不會讓我吃虧。但講這句話是外行啦,我主要的收入來自薪資以外的股利(stock option),他們給我的 offer 還算接近薪資,但就忽略其他東西。我不知道孫運璿是不懂,還是假裝不懂。」「我手上有高達 200～300 萬美元的股票尚未兌現,德州儀器也不讓我留職停薪並保留兌現的權利。」「當我把這個情形告訴孫運璿跟李國鼎,李國鼎的回信相當憤怒,大意是『我給你這麼好的 offer,你都不來』。」

第三幕 就是 1987 年台灣積體電路製造股份有限公司 (台積電) 成立。

李國鼎與張忠謀

台積電在江蘇省南京市浦口區的規模很大，我們臺商子女學校在那邊有個教學點，因為要聘老師，入不敷出，所以要收學費。南京市政府得知以後，就全部由它們來付錢維持了：他們出錢聘我們的老師，我們給學生上課，所以我們在南京的學校，都是大陸政府給的錢，我們沒拿台灣政府一毛錢。

台積電南京十六廠

（10）鐵頭趙耀東（1916~2008）

趙耀東外號趙鐵頭，曾任經濟部長，他廉潔到自己沒有房子，就租房在我家隔壁。他有一天看到我在外面運動，就跟在我的後面，進到我的庭院。我回頭一看，是趙先生！他跟我談了很多，以後他每天都要到我這坐一下。我過年過節都會給他送禮，我自己提過去，因為我從心底尊敬他。

民國50年代台灣亟思發展重工業，蔣經國體認到鋼鐵是工業基礎，決定興建煉鋼一貫廠，57年成立鋼鐵廠籌備處，趙耀東擔任籌備處主任。台灣沒有發展鋼鐵產業的經驗，趙耀東找來美、日、德等鋼鐵大國專家做市場評估，所得到的答案都一致：「台灣市場太小，需求不夠最低產量，不合經濟原則」。

眼看歷經三年的籌備工作可能化為烏有，趙耀東向蔣經國說，「如果以單一企業觀點，蓋這家鋼鐵廠風險大、回收也慢，成功機會渺茫；但是如果以國家發展及中長期經濟發展效益而言，卻是非辦不可。」此觀點完全切中蔣經國拚經濟的決心，當場裁決：「這個鋼鐵廠就是要做，不只做，還要加緊做，而且規模要擴大，從 100 萬噸擴大到 150 萬噸。」又說：「任何事情沒有不困難的，再難也要做，今天不做，明天會後悔。」

趙鐵頭最後過世的時候家無恆產。趙家原來很富有，他爸爸是鹽商，富可敵國。趙耀東幼年時在江蘇省立揚州中學唸書，這是全國聞名的好學校。他讀高中的時候跟老師翻臉，他說，「你用填鴨式的方法教我們，我不能接受。」結果他差點被開除，由他江蘇首富的爸爸去跟校長求情，最後留校察看。畢業以後，他進了武漢大學，也是中國有名的大學。

1957 年至 1970 年，趙耀東曾擔任中鋼董事長兼總經理（1957-1970），他要求員工一定要清廉、負責，例如禁止上班看報、不能代打卡、非用餐時間不可吃飯，累積了中鋼嚴格的紀律文化，尤其操守問題更是「天條」，一旦觸犯，就算工作能力再好也可能遭到開除，他自己也是身體力行。2002 年 11 月，趙耀東到大陸接受母校武漢大學頒授名譽教授榮銜返臺，中鋼打算支付其 10 萬元機票與住宿費用，就遭到趙耀東婉拒。

（11）馬英九有負黨國

馬英九8年執政最大的敗筆，就是他想對教科書做「課綱微調」，被台獨派猛烈反撲，他輕易的就棄守了這個思想陣地，對民進黨的「98課綱」照單全收，他那時應該是不懂問題的嚴重，幻想要做「全民總統」，企圖討好所有的政黨。

老實說，「課綱」不只屬於教育領域，它還關乎政權的合法性，茲事體大。獨派大老黃昭堂就曾說：「自己才接受6年日本教育，就成為日本軍國主義者，甚至還曾發願要去做少年航空兵，與英美決一死戰。」教科書是學生獲取知識、培育價值觀的基本途徑，「課綱」與教材的每一個字，都是兵家必爭之地。

李登輝橫空出世，台獨派就處心積慮的要瓦解兩蔣時期的「中國大一統」的史觀，陳水扁加速推進「文化台獨」，提前布局課綱修訂，將文史教科書改得面目全非。政府及中國的形象被醜化，影響了下一代的台灣青少年。

據說直到馬本人看到獨派編撰的教科書後，方才大驚失色，下決心對課綱撥亂反正，但又為了避免獨派大鬧天空，定性此次修訂為「微調」，原則是用憲法規定的「一國兩區」糾正獨派堅持的「一邊一國」。

至此，課綱之爭已不再是教育問題，而成為兩黨之爭，面對民進黨反課綱的凌厲攻勢，國民黨潰不成軍。馬英九發現當他大權在握時，錯過了大刀闊斧重整課綱的機會，如今「108課綱」全面推行赤裸裸的台獨教育，對此他只能輕描淡寫，「為了社會和諧，所以非常審慎，沒有採取蠻橫手段」。馬英九執政8年，卻把話語權拱手相讓。

一旦台灣政黨輪替，兩岸關係和平發展的機會變成零，這個教訓實在深刻。

我當初就一直勸馬英九，他教改的政策是失敗的，他不承認。他為了要當全民總統，一直在討好民進黨，現在連教科書都變了，沒有台灣、沒有中華民國，成為台灣共和國，蔣介石不見了、禮義廉恥沒了、忠孝仁愛信義和平都沒有了，

雖然公共場所還掛著國父的遺像，但不知道哪一天就會被拿下來。中國傳統文化5000年的文化，就毀在馬英九手裡。

馬英九完全沒有朋友，因為他一上任，立刻就把功臣砍除，說是不沾鍋，卻搞得眾叛親離。民進黨幹得再壞，有功者人人都有官可做。更可惡的是當民進黨推「黨政軍退出學校、退出軍隊、退出媒體」，馬英九竟然上當照辦，結果國民黨一退出，民進黨立刻就去接收；民進黨要砍軍公教的福利，他也馬上砍，說他是國民黨的罪人也不為過。台灣會斷在他手裡、中華民國也會斷在他手裡，對，就是他。

輕易棄守課綱思想陣地，是馬英九執政八年最大的敗筆

（12）洪仲丘之死，扳倒國防部長

因為洪仲丘在軍中被虐待致死，輿論譁然，最後促成「軍審法」修法。根據新法，在承平時期，軍人的審判由軍事法院移至地方法院，管理軍人的是民法。現在士兵犯法，軍官都不敢管，因為一管就會出皮漏。洪仲丘事件爆發於國防部長高華柱任內（2009-2013），高華柱因調查嚴重失當，為此事件而下台。

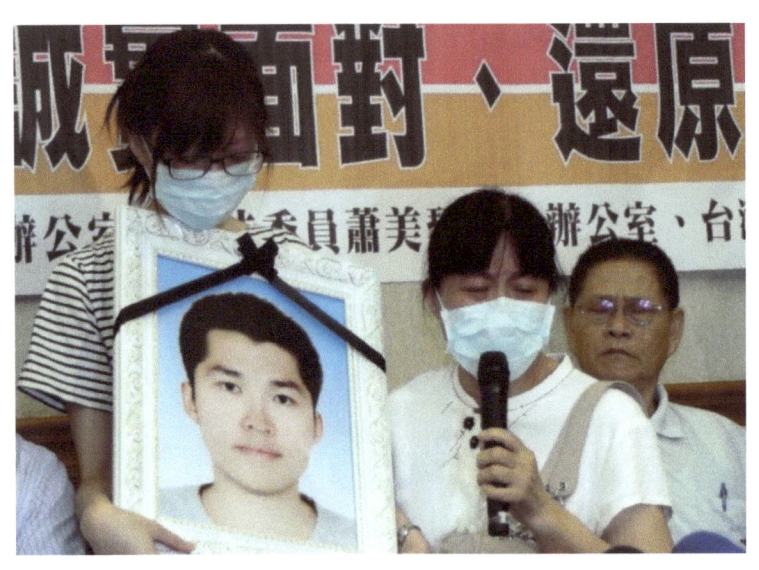

（13）叛逃的林毅夫，叫我總司令

林正義（林毅夫）在 1979 年駐金門，擔任馬山連連長，後來叛逃大陸，據說他是抱個兩個籃球游到大陸，距離約 3000 公尺，這個距離連我游過去也不是問題，退潮以後還更近，更容易過去。

他叛逃的事件被大陸瞞了幾十年，一直都沒宣布，所以他的叛逃被台灣列為失蹤，還付給他家撫卹金。

他後來在北京大學唸碩士，在美國唸博士及博士後。2008-2012 年，他擔任世界銀行副行長，台灣才知道他的身份。當初在 2012 年他父親過世時，經民進

黨立委陳情，內政部核發入境許可，但國防部長高華柱指出，他是在通緝中的叛逃軍官，一旦回台灣就會面臨審判，後來他就沒有回來。

當年他的連輔導長是黃南東中將，副連長是周治華將軍，他現在是臺商學校副校長。後來我到北京，林毅夫還請我吃晚飯。林毅夫問周治華應該怎麼稱呼我，周治華說，「叫總司令啊！」林毅夫就稱我總司令。他現在是大陸知名的學者，台灣宜蘭人。他太太陳雲英後來到大陸跟他會合，他們的兒女叫林旭初、林曦。他後來把撫卹金退還給台灣了。

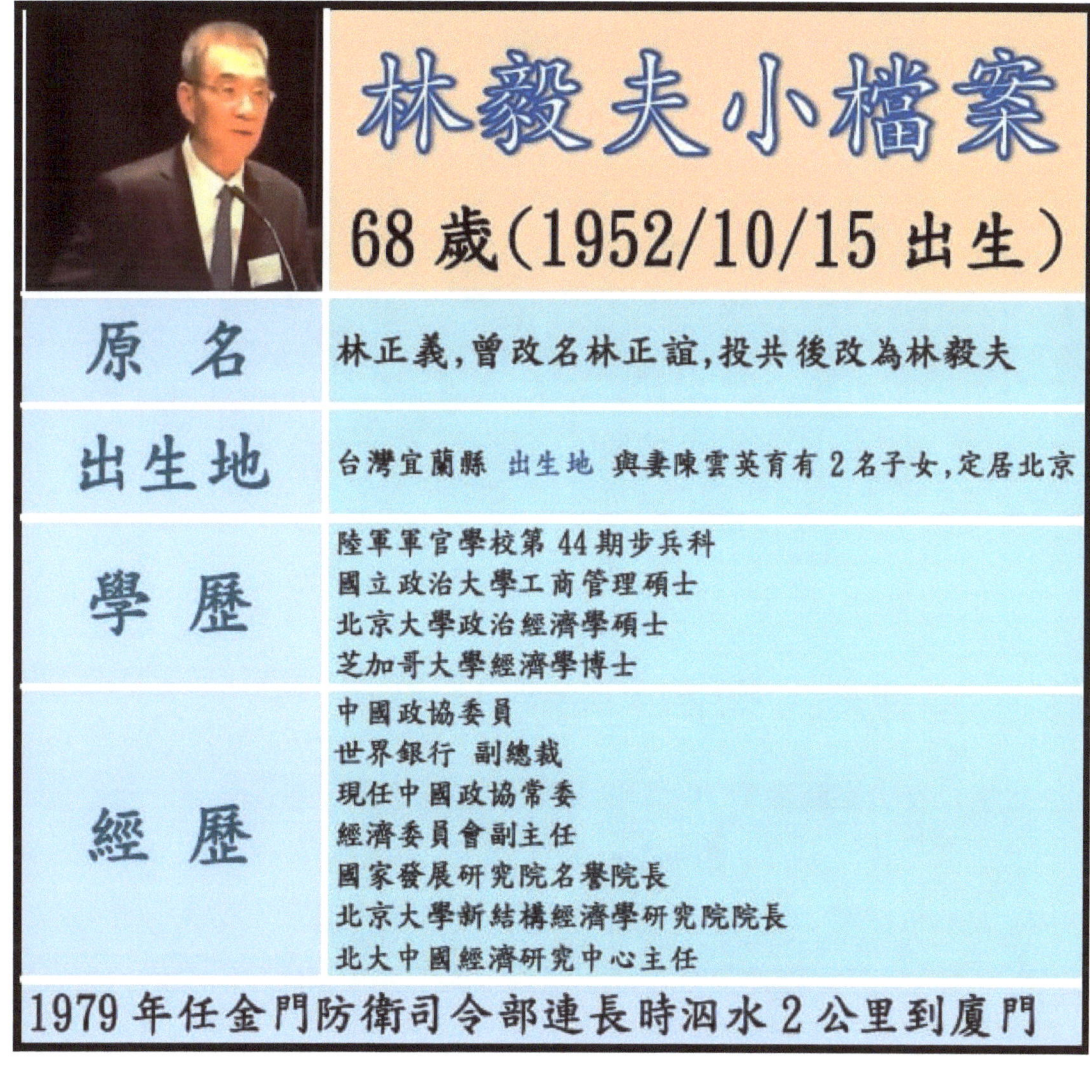

（14）「反共義士」降兵不可言勇

投誠中華民國的第一個反共義士是劉承司，1962 年開米格 15 來台灣，獎勵他來投誠的獎金是 1000 兩黃金，但並不是給他實體的黃金，而是放在中央銀行的帳戶裡，他可以按時拿利息，所以他很有錢，得到很多女士的青睞。反共義士們後來的名譽都不好，因為有二心的人，最後都得不到好結果。劉承司當年還獲得國防部部長蔣仲苓收他做義子。

劉承司投誠時駕駛的米格15戰機

（15）我直說，台灣的戰力是零

台灣當年在台東隱藏戰力，認為東部最安全，但現在進入資訊網路時代，東部藏不了了。我看美國把釣魚臺交給日本了，很失望，但中國不承認，相反的，中國大手筆在南海建造人造島礁：永暑礁、美濟礁、渚碧礁，填海造陸，完成軍事部署。大陸軍隊的發展，比我們想像的要快，它科技的發展也很厲害，太空方面，它已登陸月球的背面，連美國都沒做過。

我想大陸不會打台灣，因為沒有意義，打了就全毀了。它要土地嗎？新疆約台灣的 46 倍大，它要的是台積電，台灣的經濟價值很大，打了就全毀了。

台灣戰力最好的時代是在我們的那個時代，現在的部隊不能打，外號叫「草莓兵」。原來是四個月的兵役，現在改為一年。訓練一個健全的士兵，要經過很嚴格的訓練，一年怎麼夠？從前是兩年，大概是當一年多的新兵，等到他有作戰能力時，他在部隊裡再服役半年多就離開了。

我當軍團司令時，台灣部隊還是很棒的。民國 77 年國慶閱兵，李登輝是總統，我是閱兵指揮官，我規定士兵出去的時候要走齊步，要走得非常整齊，要唱歌、要答數。結果老百姓看得驚訝的不得了，「台灣有這麼好的部隊啊？」

台灣也有職業軍人，官校出來的，他們的實力我就不說了，我離開太久了。不過如果明天中共要打我們了，那就是我們的職業軍人帶著草莓兵去打，還要打嗎？

現在我們講中國是「中華民國」，毛澤東講中國是「中華人民共和國」，「一中各表」，只是沒有一個中心思想，不知道為誰而戰。我們的部隊裝備很新，軍人也在操訓中，但問題是我們沒有精神的戰力，我到底是為誰打仗？是為台獨嗎？許多人都不願意呢！重點在這裡。

2023 年，有自由時報的記者問我，台灣的戰力怎麼樣？我說台灣的戰力是零，當天綠營名嘴就開始霸凌了，我自己還不知道，還是美國同學打電話來告知，電視打開一看不得了，我被罵慘了。

我在這兒把話解釋清楚：戰力是有形的戰力及無形的戰力的乘積。有形的戰力指的是我們有多少部隊、多少武器、部隊訓練的狀況。無形的戰力指的是：中心思想、精神意志、為何而戰、必勝信念等，都是看不見的東西。今天台灣的士兵願意打仗嗎？訓練 4 個月就叫他去打，就算延長到一年也不夠，現在都是草莓兵，一戳就破的。

此外，團隊要能凝聚「患難與共」的共識，優秀的領導者會身先士卒、勇於任事，不計個人得失，帶領大家前進，並且真誠的對待自己部屬，建立一種彼此的信任感，唯有如此，團隊每一分子才會願意為共同目標奮鬥。

一支軍隊有了這種「同甘共苦、生死與共」的革命情感，就能在戰時發揮加乘戰力，否則就是0。

我因此被喧天鋪地的污衊，那些名嘴在網絡上大肆攻擊，事實上我說台灣的戰力是零是有學術根據的。著名的軍事理論學家克勞塞維斯（Carl Philipp Gottfried von Clausewitz）有個關於有形戰力和無形戰力的理論，郝柏村演繹他的理論告訴我們，如果你的有形戰力是100的話，無形戰力是1，1 x 100 =100，你就有最大的戰力。你假如是0.9，就變成90，假如無形戰力是0的話，0乘以任何東西都是0。

那天陸軍軍官學校同學會邀請我去講話，是在三軍軍官俱樂部，我不知道有綠媒的記者，我一進門就把我包圍，問我國軍戰力真的是0嗎？我說真的，我再說明0是怎麼來的，並不是詆毀國軍，只是告訴他們按照戰力理論，沒有士氣、沒有意志、不知為誰拼命，這種作戰力量就是0。

但他們完全斷章取義，他們是認知作戰，只聽到戰力是0，就去問國防部，邱國正部長說，「我們要努力加強我們的訓練。」民進黨政府官員就開始鋪天蓋地挖我的底，說我是大陸昆山臺商學校的創辦人、董事，就把臺商學校的預算給壓了不給，還逼我辭董事的職位。

兩岸現在不太可能打傳統戰，中國不需要打台灣，困都把你困死了。賴清德總統講台獨，他上台以後就把把台獨的牌子給拆了，怕大陸告他，因為中國跟58個國家有條約關係，可以透過外交管道，終生追討「台獨首惡份子」。

（16）未來的聯合作戰

　　未來在作戰的時候，我們的陸軍會跟海軍、空軍互相支援，聯合作戰，我們會在國防部之下成立「聯合作戰指揮中心」。敵軍來了，總統有權宣戰，由參謀總長統一指揮，他的幕僚機構會給他各種資料，所以參謀總長一定得是軍人。

　　郝柏村做了 8 年參謀總長 (1991-2020)，現任參謀總長是梅家樹，我不熟悉，他應該是職業軍人。我做參軍長三年，參軍長沒有權。民進黨沒有軍隊，但是國民黨的軍隊依據憲法必須聽他們的指揮。

　　台灣是個孤島，不像烏克蘭有廣大的後方，台灣就是南北東西，東西很窄，中央山脈把東西割斷了，但是現在武器精良，要打哪就打哪，偏離的距離不到 100 公尺，換句話講，它要打這邊，萬一飛到那邊去，距離不會超過 50 公尺到 100 公尺。

　　李宗藩：戰爭的型態在改變，現在都是無人潛艇、無人飛機、無人戰艦、無人戰車、機器狗，機器狗再進一步進化成 AI 機器人呢？它不會攜家帶眷，哭哭鬧鬧的，它沒有家累。大陸再進一步用空中的通信衛星，把你指管通勤的訊息全部控制，你的飛彈飛不出去，你的通信全部斷訊，你就是個別被殲滅了。所以時代在改變，訊息在改變，我們如果不能應付未來戰爭的狀態，就會死無葬身之地。

扛著機槍的機器狗

（17）2024年的金門事件

2024年2月14日，一艘來自大陸的無名快艇，駛入金門列島附近的限制水域捕魚，遇台灣海巡署艦隊查緝，拒檢後逃逸，追緝期間兩船相撞，大陸的4名船員落海，其中2人身亡。

自從金門撞船事件以後，大陸認為台灣是它的國土，2024年2月18日開始，大陸在相關海域發起「常態化執法巡查行動」，除了正常巡邏，還會登船檢查，它的理由是你違反了我們漁業的規定，台灣也不敢說什麼。

（18）黃埔軍校百年校慶 (2024/6/16)

今年在黃埔軍校校慶，中共尊重歷史，在校門口及禮堂掛上我們的國旗及黨旗，台灣去了616個人，全部穿國旗裝、戴國旗帽，歡聚一堂。

陸軍官校曾有迪化分校

中央陸軍軍官學校第九分校

大陸西部開發的很慢，人口也很少，五年前我到新疆參觀的時候，當地蕭條的不得了，半天都看不到一個人。我發現當地人連牙刷都沒有，早晨起來有一個人在水溝邊拿點水洗臉。烏魯木齊原來叫迪化市，黃埔軍校在那裡有個九分校，在我們離開大陸以後就結束了。陸軍官校在大陸的時候，除了本校以外，還有9個分校，我後來去找，片瓦無存了。

我們曾有個空軍少將投降了中共，後來他想參加我們打球，沒人理他，投降就是變節。我現在凡是有民進黨高官參加的場合，都一律不參加。本來黃埔建軍100周年，我要到鳳山去參加，結果我聽說賴清德會去主持，前一天晚上還有個暖壽晚宴，顧立雄會參加，所以雖然他們把我的房間都訂好了，我還是謝絕了。

我現在的腦筋對人名、某個時間地點，一時會想不起來，要花很長的時間，才會突然冒出來。像是滕王閣序，我到今天還能倒背如流，但是現在看到的文章，一個字都記不得了。

（19）為楊德智上將申冤

楊德智（1941-2019）是33期裝甲兵科，有人說他是台獨，那時台獨在軍中是受歧視的，而且政府規定台獨不得提拔。知道這件事以後，我就把楊德智請來，「你是台灣人嗎？」他說，「不是，我是大陸人。」楊德智告訴我，他為什麼被認為是台灣人，因為他爸爸在通信兵學校做事，是聘雇人員，那時通信兵學校在宜蘭，他們就住在宜蘭，報戶籍的時候就被報成宜蘭人，所以楊德智的宜蘭人是假的。

我知道以後，馬上就跟國防部反映楊德智不是台獨，他的戶籍報錯了，楊德智的台獨標誌就給去掉了。他後來升上將。他曾是裝甲兵51旅旅長，那時我是32軍軍長，裝甲51旅、42旅都歸我管轄。我曾替很多的台獨洗刷他們當年不榮譽的名稱。

民國82年我當陸軍總司令，楊德智那時是陸軍官校校長，官校的校慶是我主持的。他們的儀隊從校門口一直排到校內，放了19響禮炮來迎接我。上將的禮砲是19響，最高元帥是21響。然後我向官校學生訓話、閱兵。

陳大同：父親對我們醒吾大學的一個盧正崇教授很好，因為他教過我父親打羽球，也常陪我父親打羽球，他是羽球亞青盃國手，在陸軍總部當兵。他們打羽球的都習慣睡得很晚，沒想到第二天早上還在睡覺時，副參謀長來查巡了。副參謀長是管羽球隊的，實際上是總務處長在管。盧教授他們因為睡懶覺沒參加早點名，因此要全部處分。後來總務處長就去跟我爸爸為羽球隊求情，不要處分了，但是副參謀長堅持一定要辦，辦他們關禁閉、退出羽球隊，對他們個人的未來影響很大。我爸就說，「那你就上簽呈來吧。」最後我父親案子沒批，也顯出父親的明察秋毫及仁慈敦厚的一面。

（20）陳傳鎬博士 成功研發天弓飛彈

「天弓計畫」是在美國拒售我們愛國者飛彈之後，我們自行研發的「天弓防空武器系統」。我的同學陳傳鎬博士研發的天弓飛彈，與愛國者飛彈、標準飛彈、Ganef、Ganiful及海鏢飛彈相較，毫不遜色。天弓現在已經到第三型了。

陳傳鎬是上海的高中畢業，以後考入陸軍官校，跟我同為24期，畢業以後，他因為身體受傷不能站立太久，因此退伍。他隨後考取成功大學機械系，後來回復軍職，至田納西大學太空學院攻讀博士，僅僅兩年半即獲得學位。他參與了中研院的「風洞」及「天弓防空武器系統」兩大專案，為研究員。他在1975年，量產了天弓飛彈。

他後來移民加拿大，住在溫哥華，2022年回來參加我們24期同學會，他以為自己得了感冒，就到醫院去拿藥吃，吃了沒用。第2天我兒子陳大勇開車，我親自把他送到三軍總院，到醫院後他就不行了，他的肺兩邊開洞，還裝了葉克膜，等他太太趕回來，最後他跟太太見了面以後才走的，享年80歲。

民國80年9月陸軍總司令部指揮權力核心人物
兩位副總司令和科技總顧問陳傳鎬中將(均為官校24期同學)

右二起：陳傳鎬、陳廷寵

圖四　天弓飛彈蓄勢待發 --- 摘自天弓文集

我們每年都跟美國買很多武器,都是他們過時的武器,完全是迫於政治壓力。天弓是我們自己研發,沒有外力協助製造,天弓現在已經到第3型了。當時大陸還沒有發展,什麼武器都沒有,後來鄧小平搞改革開放,讓中國完全換了一個面目,所以大陸的進步,是從鄧小平開始的。毛澤東則是建國有功、治國有罪。

(21)萬國強上校是室友

萬國強跟我的私交好得不得了,他的太太我也很熟。他的表弟王丹江將軍是心臟科名醫,曾任三軍總醫院副院長、陸軍802醫院院長。

他當年會偷溜去廁所抽菸。那時不准抽煙,但他就是喜歡抽菸,戒都戒不掉,為了藏香菸,他把香菸一根根的放到軍毯豆腐干中間的夾縫裡,連教育班長都查不出來。

我到德國去留學之前,他在家裡請我吃飯,為我送行。我想他升不上去是命,其實他後來也搞得不錯,他在中興新村工作時,就在李登輝總統的手下。

他做到上校，但那個上校是假的，他其實只是中校。他後來到中非當顧問，中非有個總統叫博卡薩，傳聞說他是吃人肉的暴君，後來他來台灣訪問，那時懂法文的沒幾個，萬國強正好是外語學校法文班畢業，上級就叫他去做博卡薩的榮譽侍衛長，這個位置是要上校階層，而他只是個中校，就臨時給他掛個上校，他就這樣子升了上校。

　　我們好得很，2個人不僅同寢室，還睡在同一個蚊帳裡面兩年半。床是大通鋪，鞋子放在床底下，有時緊急集合時，會出洋相。鋼盔我們不戴的時候都擺在床鋪上面，晚上睡覺的時候，就把鋼盔放在床鋪底下。有一次在緊急結合時，大家都搶時間，燈是關掉的，看不到什麼，張三就把李四的頭盔戴在頭上，拔腿就跑。

　　萬國強找了半天也找不到他的鋼盔，找不到是要受處罰的，但因為他是文學校考進來的，而我們都當兵當很久了，所以那次他沒被處罰。那年我20歲。

（22）還記得漢光演習嗎

　　現在我們讀古典的五經七書，不能用從前的眼光去讀，要以現代的眼光，這完全是哲學的問題。過去台灣沒有一次演習是真的，都是說大家30分鐘以後可以解散了，我們的「漢光演習」根本就是擺樣式、點到為止，「漢光演習」的開始，是因為那時的中共武器及各方面都很落後，我們要對付他們才有所謂的「漢光演習」，現在他們已經比我們強太多了，「漢光演習」還有意義嗎？

　　烏克蘭在對抗俄羅斯時，是把他們的婦孺送歐洲，台灣四面都是海，打仗時婦人小孩放哪？現在還有紅外線，你躲在防空洞裡，他們都看得到，全會被炸死。現在中共只是不打台灣而已，打起來我們是不堪一擊的。

　　事實上中共已經開始打台灣了，今年(2024年)6月9日有個大陸60歲的軍人阮芳勇，他過去曾擔任過中國海軍艦艇艇長，開快艇到我們這裏來，在沒

有任何阻擋之下順利闖關,從外海長驅直入臺北淡水河口。這是很諷刺的,我們從前研究過封鎖淡水河,專門有個計畫,所以淡水河從前的建築都有管制,不能超過多少高度等等,現在什麼計畫都沒有了。

(23) 我看中美對壘

現在如果中國打我們,我個人的看法,不代表官方,美國是完全不可能派兵來幫我們的,最多就是拿武器支援。郝柏村提出,「我們都是中國人,中國人不打中國人。」但是你說你不是中國人,他就要打你,諷刺的是從建國以來,我們就一直是中國人打中國人。

台灣很小,但是它代表中華民國。在推翻滿清之後,中華民國至少是建立在亞州的第一個民主共和國。每個國家都有它的立場、各自的利益,美國當然希望我們跟中共打,美國可以賣武器,日本人也希望我們跟中共打,日本可以徵兵。

現在日本跟中國為釣魚臺的事,鬧得很僵。釣魚台本來是我們中國的領土,地址是宜蘭縣頭城鎮大溪里,但美國擅自就把釣魚台說給日本了,日本人認為這是美國給它的恩惠,跟中華民國無關。中華民國以前有好幾次保釣運動,連

馬英九都去參加過。對於釣魚臺，現在的民進黨沒有立場，但是中華民國有立場 -- 釣魚台是我們的。

大陸現在對釣魚台很強勢，它經常到那邊去巡邏，日本對它無可奈何。雖然中國和日本不太可能為了釣魚台的歸屬問題打起來，但是釣魚臺在台灣海峽底下礦產很多，所以真正搶的是資源。

大陸的陸海空軍現在非常強大，他們軍人的待遇很好，而且社會地位很高，雖然他們的兵也沒有打過仗，但他們有潛在的戰爭思想及愛國的情操，台灣的軍隊現在搞的統獨混淆，不知為何而戰。

假設中共攻台了，美國及日本都不會做什麼，只會口頭會叫一叫，他們能做什麼呢？他們不敢跟中共打吧！中國的海軍很強，第一艘航母是跟烏克蘭買的，買人家報廢的東西，拆開來看，但現在中國已經自製第三艘航母了。若干年以後，它至少會有十艘航母，除了太平洋，還有大西洋。它的野心為什麼這麼大？這完全是為了自己的安全，為了防衛自己。實力要自己創造，不是別人給的，別人沒辦法幫你建立陸軍、海軍、空軍啊，這些別人幫不上忙的，

現在美國發展 F-35，很怕大陸超過它，所以不准大陸的理工學生來美留學，中國只能自己研發了。

南京大學是專門是研究航天的，那裡的學生也都被管制，不能隨便出國，怕他們不回來。他們現在已經登陸月球了，還是在月球的背面，所以大陸不能小覷。很多用美元的交易，現在已經可以用人民幣搭配了。我想大陸未來的局勢會越來越好，相反的，台灣則是越來越弱，我們完全依靠美國，它要我們買軍火，把我們的外匯都拿走了。

民進黨在應付美國方面，比國民黨更弱，因為他們是美國扶持出來的。美國最早扶持的是李登輝，他當時口頭講中華民國，實際上他希望台灣獨立。

我們每年要花很多錢去買美國的武器，每次來賣武器的都是那些美國的政客，就代表他們在中間有拿 Commission，這是一定的。美國有個雷神公司，在裡面當幹部的都是我們國軍退伍的軍官，他們就拿佣金，這個事情後來被郝伯村發現了，他說，「以後誰拿佣金，就辦誰。」

李宗藩：海軍的尹清楓不是被殺了嗎？空軍買的幻象戰機，海軍買的拉法葉艦，都是貪污累累。我們每年得給美國錢，這是保護費，美國幫我們發聲。馬英九在任內，他跟美國的關係是尊重中國的三大公報，所以從歐巴馬總統開始，通通不越過這個紅線。

現在狀況改了，中國大陸強了，美國必須要利用台灣作為牽制中共的棋子，所以無形中就對台灣好一點、武器多賣一點、參議員都來參觀了，以前美國官員都不敢來台灣，台灣官員不准去美國國務院。有人說，在蔡英文總統任內，中美關係突飛猛進，不是因為美國對我們好了，而是美國基於它對全世界的戰略構想，它要利用台灣來牽制中國。

美國規劃的第一島鏈防中的防線從：韓國、日本、沖繩、台灣、菲律賓、馬來西亞、印尼，台灣是在中間位置，台灣如果落到中國的手中，整條防線就會崩潰了。

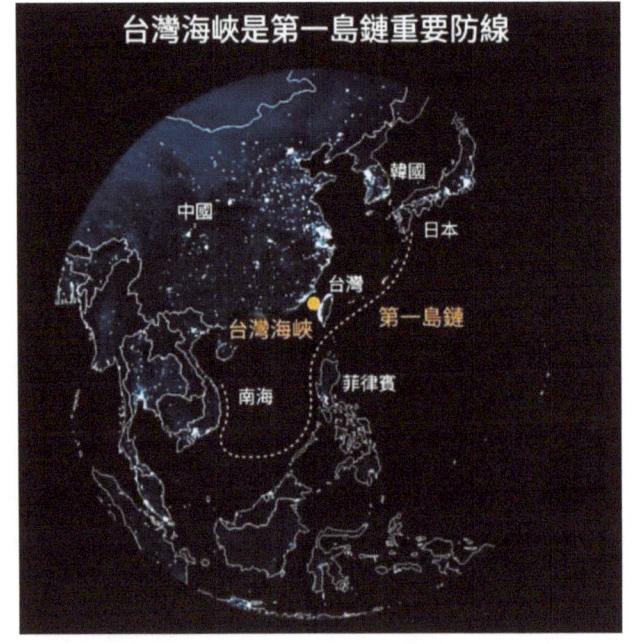

（24）八吋榴彈砲的故事

李宗藩：「823 砲戰」至今已五十八周年，當時國共兩軍相互砲擊，雖各有傷亡，但最後中華民國(台灣)還是成功守住金門。回顧這場戰役，國軍從劣勢轉勝的關鍵在於一個秘密武器「八吋榴彈砲」。

1958 年 8 月 23 日，中共對金門國軍的猛烈砲擊，國軍被迫反擊，史稱稱「823 砲戰」、「金門砲戰」。開戰初期，國軍被打得猝不及防，第一天就造成我方重創。身在戰場的國防部長俞大維立刻要求美國將琉球美軍的「秘密武器」：口徑 203 毫米的榴彈砲，該砲最遠射程 16916 公尺（10.51 英哩）、砲塔重 16000 公斤、榴彈重超過 90 公斤，借給國軍。

9 月中旬國軍啟動「轟雷計劃」，國軍在戰場上的形勢化為主動，不再是挨打的一方。據戰報所稱：「國軍觀測準確，射擊準確。圍頭各個敵人砲位，每一中彈，工事散飛、人員血肉支離、火砲破碎。敵人所受打擊，前所未有。巨砲的戰果，遠超過了預期。」當時對岸的廈門車站被砲彈打毀，建築鋼軌嚴重彎曲，傷亡慘烈。被炸得天昏地暗的共軍驚呼：「國軍可能是發射了原子彈！」

最後共軍宣布放棄封鎖金門，並逐漸減少攻勢為「單打雙停」。金門成功的保留在中華民國治理下至今，也保障了台灣本島的繁榮發展。

陳廷寵：現在共軍不可能來台灣投誠，因為他們現在很強勢，軍人的待遇也比我們好，而且軍人的地位很高，跟台灣不一樣，台灣最瞧不起軍人，「好男不當兵，好鐵不打釘」，至今依然。台灣的部隊現在有多少，我不清楚，但是昨天看了一個大陸的節目，發現大陸對台灣的兵力比我還了解。

現在烏克蘭跟俄羅斯打仗，美國、歐洲的支持有什麼用？打了快3年了，解決不了問題。美國也希望我們跟烏克蘭一樣替它打中國。如果我們跟中共打的話，一定是美國人要求台灣打的。美國叫我們反抗，我們沒辦法反抗。美國人對我們不了解，中國人怎麼打中國人呢？

（25）八六海戰

美國的武器到底有多好呢？1965年8月6日發生八六海戰，就把我們對大陸發動的那次海上突擊的結果，說的很清楚。那時我們有2艘掃雷炮艦、2艘巡邏砲艦（來自美軍），中國有4艘護衛艦、11艘魚雷艇，我們執行「海嘯一號」任務，意圖對大陸做海上突擊襲擾，並摧毀大陸解放軍沿岸雷達站。結果大陸的11艘魚雷快艇，每艘向台灣的軍艦打了6個魚雷，打了就走，台灣的劍門艦及章江艦都被打沉了，199人陣亡，33人被俘，1人遇救。解放軍的損失是2艘護航艦、2艘魚雷艇受損，4人陣亡，28人受傷。解放軍大勝，台灣的海軍總司令劉廣凱隨即引咎辭職。

陳廷寵：2009年，歐巴馬政府推行「再平衡戰略」，在很大程度上是試圖遏制中國的地緣政治"包圍戰略"的經濟回應，尋求跨亞洲的新防務和貿易聯盟，但效果甚微。

2017年，美國的戰略轉成「印太戰略」，由美、日、澳、印四國組成戰略聯盟，以面對中國崛起的壓力。美國說自己是一個印太（Indo-Pacific）國家，尋求區域內的經濟繁榮，但因為中國試圖改變國際秩序，因此要求與「印太戰略」制定的國家，深化合作與協作，以提高地區安全。

附表：美國「再平衡戰略」與「印太戰略」比較表

項目	歐巴馬-再平衡戰略(2011)	川普-印太戰略(2017)
戰略內涵	外交、經濟、軍事與全球化議題，如地區天然災害、領土或領海爭端	外交、經濟、軍事與安全
戰略目的	強化美國對亞太地區影響力	確保美國長期的優勢地位
地緣範籌	太平洋地區，延伸至印度洋	太平洋、印度洋地區延伸至中東及非洲地區
主要競爭對手	中共	中共
軍事部署	2020年，美國將有60%的艦部署到太平洋地區：改變大西洋與太平洋各50%部署	擴編海軍航母戰鬥群至12個
政策支柱	1.深化聯盟關係 2.結交新夥伴國家 3.連結亞太多邊機制 4.形塑正面的美中關係 5.藉由TPP鞏固美國於此區域的政經利益與領導地位等	1.深化盟友與新夥伴關係的重要性 2.各國須有公平的貿易關係 3.友盟國家須分擔更多的安全責任

取材：2018年6月1日海軍學術雙月刊第五十二卷第三期

李宗藩：美國的亞洲太平洋司令曾說，如果中國攻擊台灣，中國將死無葬身之地，對此，中國沒有回應。你想想看，美國軍艦從關島開來，這裡有中國的 3 艘航空母艦等著，還有東風系列飛彈、東風 21、東風 26，15,000 公里全部在涵蓋範圍之內，發動火砲密集射擊 -- 美國有飛彈沒錯，你打 100 顆、打掉我的 100 顆，我共有 500 顆，有 400 顆落到你的航空母艦上，這叫飽和攻擊，你的航母沈不沉？

(26) 國民黨，老成凋謝

我們的軍隊依據憲法是效忠於國家，不是效忠于總統個人的獨斷專行。但在台灣，國共對峙時期，我們信仰的是老總統，到目前為止，老總統還是我們的精神領袖。蔣經國總統則是全台灣的貴人，他創造了經濟奇蹟，讓台灣成為亞洲四小龍之一。

我是國民黨的老黨員，我的黨證號碼一直記在心裡。我覺得國民黨在台灣是有希望的，你看現在立法院就是在韓國瑜的掌握之下，讓賴清德步步維艱。雖然外省人越來越少，但是台灣如果沒有國民黨的話，台灣的民主就完了。

國民黨的鐵票

當年國民黨會兵敗如山倒，是因為在八年抗戰以後，士氣沒有了，官兵厭戰，大家都認為中國已經太平了，不想再打仗了，這時再勉強打，士氣就垮了。民國 13 年陸軍官校創校，當時是為了對付軍閥，軍閥很怕我們，就像我們現在怕共產黨一樣。

(27) 扭轉歷史的西安事變

1936 年 12 月 12 日，西北剿匪總司令部的張學良及楊虎城發動「兵諫」，要求蔣介石停止剿共，立即抗日，是為「西安事變」。如果沒有西安事變的話，共產黨就被我們剿滅了，所以是中國的命運不好。

蔣介石後來被放出來，沒殺張學良，因為張學良的實力雄厚，有 30-40 萬的兵力，裝備精良，而且都只聽他的命令。蔣介石和張學良原是拜把兄弟，在西安事變中，張學良不贊成殺蔣，最後還親自送蔣介石回南京，態度良好，所以蔣只是把他關起來。楊虎城曾受中共蠱惑，主張殺了蔣介石，他的妻子又是公開的中共黨員，所以他就被蔣介石處死了。

1990 年，李登輝釋放張學良，後來他在夏威夷終老，在他軟禁的期間，蔣

介石及蔣夫人對張學良還是很友善的,每年過年過節還是去看他。現在在新竹五峰清泉還有「張學良文化園區」,是張學良從前被關的地方,現在變成了觀光景點。共產黨幾次邀請張學良回大陸去,他死也不去,一直到最後。

取材:馮應標 文化點滴

李宗藩:我們軍方的黃復興黨部最早期有 200 萬人,200 萬黃復興的選票可以左右很多狀況,現在黃復興的黨員老成凋謝,大約不到 50 萬,每年老人家過世 2 萬人,新進黨員 200 多人,所以黃復興開會時,老人家越來越少,小孩子沒有信仰,現在像總司令愛國一輩子的,為數不多了。

現在的問題是,我們連自己的小孩子都影響不了,我跟女兒說,「你要投給馬英九啊。」她說,「我幹嘛要投馬英九?」我說,「馬英九是國民黨。」她說,「我為什麼要投國民黨,我又不是國民黨。」我說,「那你是中國人啊!」她說,「我是台灣人,我不投民進黨,我討厭民進黨,但我也不喜歡國民黨。我要投給樹黨。」

我的太太金慧如為了選舉,桌子一拍,跟女兒說,「女兒,我告訴你,我們在一個屋簷下,不能有 2 個不同的政黨,否則你現在搬出去。」女兒二話不說,打著包要搬出去,金慧如就在門口哭。女兒說,「什麼都可以談,不能談政治。」

(28) 民進黨是台獨頑固份子

民進黨的第一代並沒有主張台獨，陳水扁後來發現台獨有票，所以他就拼命喊台獨。

我們生在這個時代，是一種幸運，也是一種悲哀，老實說，我覺得我們這一代的中國人很窩囊。我是國父的信徒，國父說過，「21世紀是中國人的世紀」，兩岸之間如果能夠融合，那就真是中國人的世紀了。

現在台灣內部還有些一不平等條約，像是針對外省人的。我們的軍官退休之後，如果是到美國、加拿大及其他國家去移民，退休俸照樣給，但如果你是到大陸去，政府就不給你退休俸了，等你回到台灣以後，再補發給你。根據規定，我們的軍公教在大陸每年超過183天，就不能拿退休俸了，所以很多人就得回來住半年。總之，軍警的退休俸一個標準，公教一個標準，不平等條約太多了。

民進黨叫黨政軍退出媒體，馬英九就乖乖退出了，結果民進黨進去了。我到今天也沒有原諒馬英九。

現在所有的營區在總統府前面都是用拒馬擋人，這是很丟人的。我當總司令的時候，在部隊門口不准用這些東西擋住老百姓。軍人一槍在手就很威武，老百姓看到你就應該尊敬，不會擅闖營區吧。但現在老百姓都不怕軍人，軍人只好拿出拒馬，躲在後面保護自己，好像所有的老百姓對他來說都是威脅，他也不敢開槍，所以民進黨執政後的營區全是拒馬、鐵門、鋼條。

（29）巧立名目，民進黨高層迴避監督

立法院與行政院是分立的，但是立法委員是民選的，有民意基礎，所以行政院國防部所有的預算，都要經過立法院審核，但是民進黨在總統府設了許多特別委員會，它們不經過監督，也不需提報，就這樣掏空國家預算了。

李宗藩： 中華民國 113 年 06 月 19 日 賴清德總統上午主持「信賴新政 時代新台灣」就職滿月記者會，宣布成立：

1.「國家氣候變遷對策委員會」，並由行政院鄭麗君副院長、中研院廖俊智院長、和碩聯合科技童子賢董事長擔任副召集人，要從國家視角的氣候治理，進行國際合作。

2.「全社會防衛韌性委員會」，並由蕭美琴副總統、總統府潘孟安秘書長、國安會吳釗燮秘書長，擔任副召集人。

3.「健康台灣推動委員會」，將由「健康台灣推動聯盟」召集人陳志鴻醫師、國家生技醫療產業策進會翁啟惠會長、行政院陳時中政務委員，擔任副召集人。

這三個委員會是不受立法院監督的，錢從哪裡來？

另外，蔡英文成立了：
1. 年金改革委員會
2. 不當黨產處理委員會
3. 促進轉型正義委員會

這些也都是可以規避立法院監督的。

總之，總統府搞了那麼委員會，這些委員會的工作，全部是行政院的職掌，就是希望委員會的運作不用被監督，委員會召集人不用去立法院報告？他們包

辦國防部、衛福部及其他部會業務，疊床架屋，人人有官坐、到處編預算，過去蔡英文總統時代，民進黨挾人數優勢過關，現在希望韓國瑜領導的立法院能發揮監督約制的功能。

台獨份子犯了大陸政府的大忌，2024年6月21日，大陸對台辦公室公告十名台獨頑固份子，依法終身追責，大陸官媒並強調，此舉再次表明懲治「台獨」頑固份子，針對的是極少數分裂行徑，並不涉及廣大台灣同胞。被大陸政府列為十大「台獨名單」的台灣政治人物依序是：蘇貞昌、游錫堃、吳釗燮、蕭美琴、顧立雄、蔡其昌、柯建銘、林飛帆、陳椒華、王定宇。現在他們要出國，都要考慮再三。

（30）兩岸的另類交流

我當師長的時候，駐在馬祖北竿。中共有一條船晚上迷航了，結果在馬祖北竿登陸，船上的人我們都把他們當俘虜，蒙了面放到碉堡裡，但上面有20幾條豬，這些豬是準備運到廈門去的，豬要吃東西，我們還替他們養了三天豬。

我也為他們買了新的衛生衣，一人一套，他們都高興得不得了，七、八個人不想走了。他們說，「我當兵好了，就在你們這裡當兵。」我那時告訴他們，「我們這邊當兵的都要高中畢業，你們是高中畢業嗎？」。他們說，「沒有。」我就把他們放回去了，豬也放回去，結果豬還是跑掉一條，後來這條豬還生了一條小豬，之後就被拿到離島去勞軍了。

李宗藩：民國 77-78 年時，我在小金門擔任主任，防區曾經打死過許多水匪。那時候，只要從對面上岸的就是水匪，一律槍斃。

有一天哨兵報告，「有 3 個人上岸，一個男人帶一個女人，還帶著 3 歲的娃，這明顯不是水匪而是難民，這不能槍斃吧？」我問，「哪裡來的？」他說，「從湖南到廈門過來的，他要投奔自由，划水划了 4 個半小時，帶著小孩。」

我一看小孩臉色發青，就叫阿兵哥弄點奶粉給他吃，先救活再說。我跟司令官程邦治報告，「來了 3 個難民，不能擊斃，打了會有問題。我先把他們放置一個廢棄碉堡。」3 天以後，我問輔導長，「那三個人怎麼樣？」他說，「小孩養得白白胖胖，好快樂，但是有個問題，每天晚上碉堡外面都是阿兵哥。」我說，「幹什麼？」他說，「看那個女生洗澡。」

我想這個要處理，我找到水上工作隊船老大交代，「今天晚上我們醫官會給他們打防疫針（麻藥針），之後退潮時，把他們的船帶往廈門的方向遣返。」翌日早上 9 點鐘，情報處處長王宗智打電話來，「你們昨晚推一條難民船，想推到廈門，卻沒到廈門，現在漂到大金門來了。」

王宗智將軍曾任大膽島指揮官

（31）我的原生家庭在江蘇鹽城

我父親的名字是陳宗鑄，母親朱媛賢，我是長子。我的兄弟姐妹（陳廷英、陳廷美、陳廷蘭、陳廷敬）目前都住在大陸，我後來到大陸去找到了他們，他們也有來過台灣，他們都過得很好。

我母親朱媛賢祖籍是安徽人，外公很有錢，母親讀過私塾，是她帶著我們逃難。我還有個姨媽，因難產而去世，留個女兒，年齡比我大，前幾年我去大陸時還看過她，現在沒有聯絡了。

鹽城有三個特色：李棠華馬戲團、麋鹿 reindeer、大雁。麋鹿最適合生長的地方是海邊，它們吃海灘上長出來的一種小芽，在鹽城才有。滿清末年八國聯軍的時候，全中國的麋鹿約 90 幾隻，都被抓到英國及澳洲。經過近 100 年，到了 1989 年，在英國及澳洲的總數還是 90 幾隻，雖然他們保護的很好，但就是沒辦法蓬勃生長。

1989 年大陸改革開放也幾十年了，國力也強大了，就開始跟英國及澳洲要求他們歸還麋鹿，其實人家根本就養不下去了，立刻歸還，現在他們回來短短 10 年，已經長到 800 多隻了。

江蘇大豐市麋鹿保護區2022年第一頭小麋鹿誕生

（32）人老了

現在我的朋友都走了，只剩下部下，像是李禎林耳朵不行了，我打電話給他，他什麼都聽不到，只好請她太太打電話回來，他太太比較年輕。我現在都得透過第三者，才能知道對方的消息。

我的同學有1300多個，我的部下每年替我辦活動，上次聚會不到十桌了，一半還是外傭。我告訴他們，我每年都要好好過生日，因為老朋友越來越少，每年我自己拿錢出來，要他們辦，我自己辦不動了。

有條關於老了的民謠：

人老先從哪裡老

人老先從牙齒老，吃不動的多，吃得動的少！

人老先從耳朵老，聽不見得見的多，聽得見的少！

人老先從眼睛老，看不見的多，看得見的少！

（33）下半生的食衣住行

我將來能落地在大陸是最好的，但是現在親人在大陸都分散了，我爸爸媽媽葬在蘇州。我爸爸先在台灣過世，然後他的骨灰送回大陸，我母親過世後葬在東山，我們為他們在那邊買了一塊墓地—蘇州的「東山墓園」，把我爸媽的骨灰都葬在那，那個地方風景非常秀麗。我小兒子每年會去看他們，順便去付管理費。

我想我將來會是埋骨異鄉吧，五指山上面有個示範公墓，所有的軍官都葬在山上。不過時間久了，一切都煙消雲散了，不要過三代、兩代以後就沒人管了。我現在對生死都看得很開，我今年94歲了。

我很少吃亂七八糟的東西，我葷腥樣樣都吃，就是吃的不多，從前我的胃口很大，現在吃不下了，年紀大了有差別。我最喜歡的菜是家鄉菜，江蘇菜裡面有揚州菜，我家鄉鹽城的菜式接近揚州菜，菜有六大碗、八大碗，就是六個菜、

修整父母墓碑的落漆

八個菜,都是葷的,沒有素的。我們家的獅子頭叫「砧肉」,很大一個,把它剪開了分著吃,但這可不是每天都能吃到的,一定要等結婚或者宴會時才有得吃。平常吃的以豬肉為主,也有很多素菜可以配合,像是慈菇,圓的,上面有個把子,就像芋頭一樣粉粉的,非常好吃,但在台灣買不到,再過2個月以後,上海那邊就會盛產。

家鄉的慈菇

我從來不吃保養品,就是靠規律的運動保養身體,所以我的保養就是運動。郝柏村活了100歲,就是因為一直運動吧!他當總司令的時候,還帶著我們跑步,他規定要升將官的,一定要跑5000公尺,體能測驗都過不了關,怎能當將官?

我在當58師砲兵指揮官時,有一個同事是58師的參謀長。他退伍以後得了癌症,但是表面上看不出來,他每個禮拜都會跑到我家,要我親自下廚,我就用鮑魚煮百葉給他吃,他後來50多歲就走了。那時候車輪牌一頭鮑的罐頭只要100多元,現在要1000多元了。

我每天運動，到游泳池游泳 2 到 3 小時，然後回來吃早飯。平常每個禮拜去打一場高爾夫球，天氣太熱的話就暫停，秋涼再恢復。我們的高夫球場在臺北，是軍方的球場，球費比較便宜，我們現在也得挑便宜的地方去。

我午飯後一定走一百步，否則剛吃的東西停在肚子裡，不消化。然後睡午覺，通常睡 2 個小時。從前當兵的時候，只能假寐半小時，年輕時不知道累，10 分鐘都可以睡著。午睡起來以後，稍微活動一下，看看電視。我活動還算比較多，有時候我會跑到大陸去轉一轉，常常需要坐輪椅，因為我的兩條腿走不動了。我前段時間眼睛很好，還會寫字。在 6 點到 7 點之間，我會等女兒下班回來，一起吃晚飯，飯後再看看電視，然後就休息了，9 點鐘以前我一定睡了，第 2 天早晨我大概 3 點多就起來，在這邊的門口搬個椅子坐在那，用手拍腳心十分鐘，從前我一天做 3 次，現在一天一次，要有恆心。

我偶而會生病住院，雖然我自己沒感覺，但是去年醫生查出我有膽囊結石，他們就開刀把膽囊拿掉，現在手術很進步，都用微創，只開了 3 個小洞，但是開刀還是傷身體、傷元氣。我以前每天游泳，早晨 6 點鐘起來就去游泳，而且游的很好，一直游到 92 歲，但現在我下水以後居然浮不起來了，怎麼辦呢？我就在水裡面走路，從這邊走到那邊，再走回來，我每天要走 1000 公尺，大概要一小時吧。

郝柏村也游泳，不過他的官太大了，沒人敢糾正他的姿勢，所以他是狗爬式，他的 2 個腿是打水用的，游了半天還在原地。

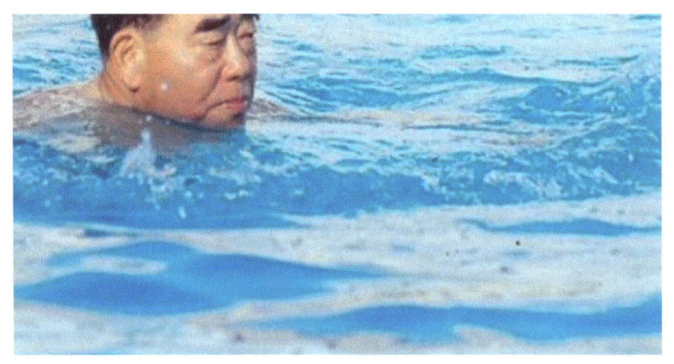

百歲郝柏村

我還開了白內障，不開刀就看不見了。我從小到老都沒近視，我到現在看東西就不舒服，寫字寫的歪歪的。這老化來的也太快了！不像年輕時，時間好像過的很慢。

　　我一躺下半個小時之內就會睡著。我最近身體發胖，所有的衣服都不能穿了，我想是老了，器官往下掉，所以無論男女肚子都會大。

　　我的教練是市立大學的體育教授，名叫王富雄，大家都叫他王牌，我的游泳是跟他學的。退伍以後，別人不把我當官了，王牌說，你就從基礎開始學吧！我就先游蛙式、然後自由式、一直到蝶式，風雨無阻，天天游泳。那時台北大學游泳池裡面一個人都沒有，就我一個人在裡面游，水很淺，大概就是到胸部，我曾經興高采烈的游了3個半小時，興趣來了所以不嫌累。游泳、打高爾夫球、打網球、羽球，我都是一流的。跟李宗藩打網球的時候，他跟朱龍山一對，我找個國手陪我打，修理得他們滿地撿球。

　　我最喜歡打羽球，打到裡面的衣服全濕了，每天大概打一兩個小時，汗水直流，但是身體健康沒毛病，一直到我當了軍團副司令的時候，還在打。後來我在新竹軍區開始練習打網球，一開始都打不到球，慢慢才上手，我打得不怎麼好。我不太會打乒乓球，我的兩個男孩子在國小的時候，乒乓球打得很好。

　　我現在住的公寓是我當總司令時（1987年）配售給我的，就是我有權利來買這個房子。這房子那時候要1000多萬，約73坪，有土地所有權。那時候還沒有地下室，一樓是國防部所有的，他們就把底下的房間給我們的隨從住，侍從官、駕駛都住在底下的小房間，是上下舖，可以住6個人。當年在貸款時，可以跟銀行討價還價，結果總政部主任楊亭雲沒告訴我們，在我們付了好幾年利息之後，才知道了這個權利，就跟銀行抗議，農民銀行就同意降息了。

　　這公寓叫和平新城，住的都是上將和部長。這房子蓋得很好，921大地震的時候，我們當天都不知道，雖然晃來晃去，聽到鋼筋在裡面咯吱咯吱的響，

但房子都沒事,到第2天看報紙才知道有大地震。

我們住的是第一棟,現在正在蓋第二棟,在第二棟還沒蓋時,這個地方是兩個網球場、一個籃球場,我們每天早上都打網球,現在我們老了,網球打不動了,臺北市政府把這塊地從國有財產局撥給師範大學了。

我跟孩子們講,我住的這個房子他們平分。我們在新店那邊有一塊很大的地,一個孩子給一棟房子,現在第三代已經瞄準我的房子了。

(34) 外省人、本省人都是中華民國的台灣人

我的老婆是本省人,她是中華民國台灣省的人,不是台灣共和國的台灣人。我在台灣住這麼久,我也是台灣人,是中華民國台灣省的人。蔣介石當初在提拔人的時候,是會想到省籍、想對方是不是台灣人,蔣經國提拔人時還偏重「催台青」,後來就沒有那麼糾結了,現在大家都是台灣人了。政府把你的籍貫改成你的出生地,我是江蘇省鹽城縣人,在台灣結婚了,生了小孩都是台灣人。

台灣話我不會講,當初有規定在軍中不准講台語,我在部隊裡帶兵,怎麼能講台灣話呢?在家裡我太太講國語,小孩也都講國語,我的老三大勇會講台灣話,大同和珊珊都不大會講。

大兒子陳大同的太太是本省人,小兒子陳大勇的太太也是本省人,只有女兒陳珊珊的先生是外省人,他們這一代對省籍比較沒有隔閡感。我們黃埔24期就有台灣人,還有兩個原住民。

李宗藩:除了省籍,通婚年齡的差距也比較大。那時外省人娶本省人,年齡都會差很多,因為當時大陸的女孩到台灣來的不多,能娶到大陸的女孩都是條件比較好的本省人,像是賴清德娶的就是外省人。那時眷村的外省女孩給人的感覺,跟本省女孩不一樣,外省女孩比較洋派,比較漂亮一點,所以她們都

被本省條件好的男性搶去做太太了,現在民進黨高官,包括賴清德、顧立雄的老婆都是外省人。其他的外省人喊台獨的如:唐鳳、王定宇、趙天麟、鐘佳濱、段宜康、林全、姚人多、陳師孟、賀陳旦、馬永成,不勝枚舉。

左起:王安懷將軍、李宗藩將軍、王廷正將軍、翁承蔭將軍、夫人
前排右:李宗藩將軍夫人金慧如

| 感謝 |

衷心感謝我的老師及朋友不離不棄，
協助我完成這本口述歷史。

陳廷寵	李名果	陳世芳	李宗藩
金慧如	陳振台	簡淑惠	陳珊珊
陳大勇			

| Photo Credits |

陳廷寵上將、陳大勇、李宗藩、邱彰、中華民國海軍學術雙月刊第五十二卷第三期、陳傳稿博士之天弓文集、馮應標之文化點滴、網際網路